AI 시대의 소크라테스

인공지능은 못하고 인간은 할 수 있는 철학적 질문들

Socrates in the Age of Artificial Intelligence

AI 시대의 소크라테스

이진우 지음

인공지능 시대의 새로운 프로메테우스

　오늘날 인류를 만들어낸 진화 과정을 극복하고 새로운 인간을 창조하려는 기술이 있다. 인간이 존재하지 않았던 영겁의 시간을 뒤로하고, 지상에서 인간이 태어난 뒤 우리에게 익숙한 유형의 이성을 갖기까지 또 얼마나 많은 시간이 지났는가. 호모사피엔스(Homo Sapiens)가 오늘날의 모습을 가질 때까지 소요된 시간이 매우 짧은 순간처럼 보이게 만드는 것은 바로 '인공지능(Artificial Intelligence, AI)'이다. 긴 진화 과정의 산물인 인간 지능은 자신과 비슷할 뿐만 아니라 넘어서기까지 하는 인공지능을 만들어 생물학적으로 예속된 진화 과정 전체를 극복하려 한다. 인공지능은 단순히 정보와 지식을 신속하게 처리하고 전파하는 데 그치지 않고, 인간의 고유한 능력으로 여겨진 사고와 감정을 모방하고 정제하며 극복한다. 이 세상을 창조한 신을 물리적으로 표현한 게 진화라면, 진화를 극복하려는 인간은 이제 인공지능을 통해 신으로 업그레이드하려 한다.

　21세기의 첨단 과학인 생명공학, 로봇공학, 사이보그 공학을 관통하는 인공지능은 인간을 신으로 업그레이드하는 데 핵심적인 방법과 기술이다. 그 끝에 능력이 향상된 '증강 인간'이 있을지, 기계와 융합한 '사이보그(cyborg)'가 있을지, 인간처럼 보이지만 인간은 아닌 '휴머노이드(humanoid)'가 있을지는 모를 일이다. 분명한 것은 인공지능의 발전 방향이 우리가 알 수 없는 미래를 향하고 있다는 점이다. SF 속 이야기가 현실이 된 것이 바로 인공지능 시대다. 자신의 유한성을 인식하면서도 영원성을 추구하는 호모사피엔스는 이제 불멸을 꿈꾸며 '호모데우스(Homo Deus)'로 변하고 있다.

우리는 지금 호모데우스의 탄생을 목도하고 있다. 자신의 이성으로 세계를 인식할 수 있을 뿐만 아니라 변화시킬 수 있다고 믿었던 계몽주의 시대의 인간이 결국 인공지능을 만들어낸 것이다. 챗GPT(ChatGPT)로 대변되는 생성형 인공지능(Generative AI)은 인간처럼 생각하고 느끼며 대화한다. 이제는 인간만이 수많은 정보를 취합해 분석하고 추론하며 새로운 지식을 만들어낸다고 할 수 없다. 인간에 필적하는 지능을 갖춘 기계가 새로운 행위자로서 세계의 무대에 등장한 것이다. 우리가 인공지능 기술로 인간의 마음을 재설계할 때 이미 우리에게 친숙한 호모사피엔스는 사라지기 시작했다. 세계를 경험하고 이해하는 방식, 사람들이 서로 소통하는 방식, 그리고 사회를 조직하는 방식이 근본적으로 변화할 것이기 때문이다. 무엇보다 인간의 정체성 자체가 바뀌어 "인공지능 시대에 무엇이 인간적인가?"를 물을 수밖에 없을 것이다.

그러나 21세기 패권 경쟁의 중심이 된 인공지능 개발은 우리에게 이런 질문을 할 시간과 여유를 허용하지 않는다. 인공지능이 모든 분야에서 엄청난 가치를 창출할 것이라는 장밋빛 예견조차 경쟁의 소용돌이 속에서 빛을 잃는다. 인공지능 혁명으로 인류의 진보가 가속을 얻을 것이 분명하지만, 무시무시한 발전 속도가 우리 문명을 향해 얼마나 큰 폭풍을 일으킬지는 상상조차 힘들다. 우리를 기다리는 미래가 인간이 인공지능으로 더 영리해져 지배 영역을 우주로 확장하는 유토피아든, 터미네이터가 인간을 지배하는 디스토피아든 인공지능이 인류 역사의 변곡점을 만들 것임은 분명하다.

인간처럼 말하는 챗GPT가 등장한 이래 인공지능은 점점 더 우리의 삶 속에 깊이 스며들어 우리의 삶과 사회에 영향을 주고 있다. 인공지능은 누구나 말할 정도로 널리 퍼지고 있지만, 인공지능이 과연 무엇이고 왜 필요하며 인간의 사고에 어떤 영향을 미치는지는 누구도 쉽게 말하지 못한다. 어떤 사람은 인공지능이 인터넷이나 스마트폰의 탄생만큼이나 근본적일 것이라고 말하고, 또 다른 사람은 인공지능이 구텐베르크 혁명에 버금가는 인지 혁명을 가져올 것이라고 주장한다.

인공지능은 21세기 인류의 문명을 근본적으로 변화시킬 '새로운 프로메테우스'다. 사람들은 인공지능 혁명이 우리를 어디로 이끌지는 모르지만 무언가 근본적인 것이 변화하고 있다는 사실은 인지한다. 변화의 방향을 알지 못하고 그 구체적인 모습이 그려지지 않을 때, 우리는 섬뜩함과 두려움을 느낀다. 그것은 인간의 정체성과 직결된 '실존적 위험'으로 다가오기 때문이다. 인류 역사상 인간의 이념과 실존이 이렇게 근본적으로 위협받은 적은 없었다. 인간은 이제까지 그래왔던 것처럼 앞으로도 계속 실존할 것이라는 기대. 인간은 이성적 존재라는 확신. 우리는 이제까지 인간에 대한 상을 의심하지 않았다.

하지만 인공지능은 오늘날 우리에게 질문을 던진다. "인간이란 무엇인가?" "인간은 왜 꼭 생물학적 존재여야 하는가?" "인간은 왜 존재해야 하는가?" 한스 요나스(Hans Jonas)는 일찍이 기술 시대의 미래 윤리로서 '책임의 원칙'을 제시하면서 우리에게는 인간 이념에 대한 존재론적 책임이 있다고 주장했다. "인간의 이념은 인간이 왜 존재해야만 하는가를 우리에게 말해줌으로써 우리가 어떻게 존재해야만 하는가 또한 말해준다."[1] 우리가 인공지능 시대에도 왜·인간으로 존재해야 하는가를 물어야 하는 이유다.

인공지능 시대가 우리에게 던져준 핵심 과제는 어떻게 인공지능과 공존할 것인가이다. 인공지능을 윤리적으로 통제하든, 인공지능이라는 새로운 행위자와 협력하든, 인공지능의 도움에 의존하든 우리가 인공지능과의 공존을 모색하려면 우선 그 목적과 방향을 분명하게 설정해야 한다. 인공지능 시대에 '인간으로 살기' 위해선 먼저 인간으로 존재한다는 것이 어떤 의미인지, 그리고 인공지능이 이러한 의미에 어떤 영향을 미치는지를 성찰하고 규명해야 한다.

인공지능 시대에 인간으로 산다는 것은 어떤 의미일까? 이 물음에 답하려면 인공지능이 왜 21세기의 새로운 프로메테우스인지 정확하게 알아야 한다. 한스 요나스가 미래 윤리를 구상하면서 프로메테우스를 언급한 것은 결코 우연이 아니다. "이제까지 전혀 알려지지 않았던 힘을 과학을 통해 부여받고 경제를 통해 끊임없는 충동을 부여받아 마침내 사슬로부터 풀려난 프로메테우스는 자신의 권력이 인간에게 불행이 되지 않도록 자발적인 통제를 통해 권력을 제어할 수 있는 하나의 윤리학을 요청한다."[2] 인간 지능을 압도할 뿐만 아니라 인간성을 변화시키는 인공지능 자체가 자본주의적 경쟁이 된 지금, 새로운 윤리의 개발을 위해 요청되는 것은 무엇인가? 위험에 대응하려면 무언가가 위험에 처해 있다는 사실부터 알아야 한다. 하지만 인공지능의 가공할 발전 속도와 규모는 우리가 이러한 위기조차 인지하지 못하게 만들고 있다.

　인공지능의 위력은 우리가 현재를 건너뛰어 미래로 내달리게 만드는 데 있다. 미래를 약속하는 기술이 등장할 때마다 우리는 프로메테우스 신화를 떠올린다. 프로메테우스 신화에 관한 플라톤의 이야기에는 프로메테우스와 그의 쌍둥이 형제 에피메테우스가 등장한다. 에피메테우스는 새로 창조된 모든 생물에 긍정적인 특성을 부여하는 책임을 맡았지만, 통찰력이 부족해 자연의 모든 선물을 동물들에 부여하는 바람에 인간에게 줄 것이 남지 않았다. 결국 인간은 벌거벗고 보호받지 못한 채 살아갈 수밖에 없었다. 이러한 사실을 깨달은 프로메테우스가 아테나에게서 불을 훔쳐 인간에게 줬다. 프로메테우스가 인간을 구원하려고 준 것은 바로 불로 상징되는, 인간의 생존과 실존에 필요한 '기술(techne)'이었다.

　프로메테우스는 인간을 구원하는 기술만 상징하지 않는다. 프로메테우스(Prometheus)는 '이전(pro)'이라는 뜻의 낱말과 '통찰/지능

(manthano)'이라는 뜻의 낱말이 합성한 이름이 말해주는 것처럼, 어떤 일이 일어나기 전에 앞을 내다보고 아는 '선견지명(foresight)'의 지혜를 가리킨다. 반면에 에피메테우스(Epimetheus)는 일이 일어난 다음에야 비로소 의미를 깨닫는 '사후 인지(hindsight)'의 어리석음을 뜻한다. 뒤늦은 깨달음은 사실 깨달음이 아니다. 제우스에게서 어떤 선물도 받지 말라는 프로메테우스의 경고에도 불구하고 항아리를 받아들인 판도라가 뚜껑을 열자 모든 종류의 악이 세상에 풀려났다. 희망만이 판도라의 항아리 속에 갇혀있다는 것은 우리에게 결코 희망이 되지 않는다. 누가 이 세상에 희망을 풀어놓을 것인가? 인공지능은 21세기 판도라의 선물이다. 그것이 귀중한 선물인지 아니면 그렇게 보여도 실제로는 저주인지는 모르지만, 우리가 예상치 못한 거대한 문제의 근원인 것만은 확실하다. 생각은 언제나 기술과 생산의 뒤를 따른다.[3] 인공지능의 선물이 이미 온 세상에 퍼진 지금 우리에게 필요한 것은 프로메테우스의 지혜다.

인공지능이 가져올 미래를 내다보는 프로메테우스의 통찰과 지혜를 방해하는 것은 너무 많은 미래다. 인공지능은 암 정복, 팬데믹의 예방, 기후변화의 해결에 도움을 주는 것뿐만 아니라 우리의 마음과 우주의 지배, 디지털 불멸의 실현 등 상상하기 힘든 것까지 약속한다. 기술회의론자들은 인공지능이 터미네이터의 세상을 만들 것이라고 걱정한다. 인간과 기계의 전쟁에서 인간의 반란을 미연에 방지하려고 미래에서 현재로 날아온 터미네이터처럼 우리는 너무나 많은 미래의 비전에 시달리고 있다. 킬러 로봇을 두려워하는 것은 화성의 인구 과잉을 걱정하는 것이나 마찬가지로 터무니없는데도 사람들은 현재의 문제를 등한시한 채 미래로 내달린다.

우리는 지금 먼 미래의 문제가 현실인 것처럼 생각하고 현재의 문제를 경시하거나 간과하는 '터미네이터 증후군'을 앓고 있다. 인공지능에 대한 디스토피아적 공포는 이미 일어나고 있는 현재의 위험과 문제점을 보지 못하게 한다. 우리의 주의를 현재에서 미래로 돌리기 때문이다. 미래는 현실과 연관될 때만 의미가 있다. 인공지능에 관해 이야기할 때 우리는 인공지능으로 현재 일어나는 변화와 영향을 다뤄야 한다. 인공지능이 우리의 삶과 사회를 근본적으로 바꿀 수 있느냐는 질문은 불필요해 보인다. 이에 대한 대답은 분명히 '예'이기 때문이다. 우리가 던져야 할 질문은 인공지능이 우리의 사고방식과 소통 방식을 어떻게 변화시키느냐다.

우리는 인공지능 기술이 우리 앞에 보여주는 것 외에는 아무것도 상상할 수 없게 된 것처럼 보인다. 어쩌면 우리는 인공지능이라는 완벽한 제품에 대해 스스로 불완전하다고 생각하고 수치심을 느끼는지도 모른다. 인간이 이미 성취한 것을 사용하고 성찰하기도 전에 이를 끊임없이 능가하는 기술혁신을 '프로메테우스 격차(Promethean gap)'라고 한다. 현재의 인간은 진보에 대한 열망과 미래에 실현될 모습과 견줘 점점 더 늙어 보이게 된다. 1956년 귄터 안더스(Günther Anders)가 핵폭탄으로 대변되는 기술혁명을 비판적으로 성찰하며 사용한 '인간의 낡음(Die Antiquiertheit des Menschen)'이라는 용어는 현실이 된 것처럼 보인다.[4] 기술이 엄청난 속도로 발전할수록 인간은 스스로 시대에 뒤떨어졌다고 생각하고 자신을 낡은 존재로 느낀다. '프로메테우스 격차'는 인간이 생산하는 기술의 효과, 특히 부정적인 효과를 상상하는 인간 능력의 한계를 의미한다. 우리는 굴욕스러울 정도로 높은 수준의 인공지능과 직면했을 때 수치심을 느낀다.[5] 우리가 생산한 인공지능의 섬뜩함을 파악할 수 없는 상상력의 부재는 인공지능에 대한 성찰을 어렵게 만든다.

인간과 기계의 경계가 모호해지고 누가 누굴 통제하는지 알 수 없는 인공지능 시대에도 인간은 여전히 세계의 중심이다. 인공지능과 어떤 파트너십을 맺을 것인가를 결정하는 쪽은 결국 인간이기 때문이다. 인류의 역사를 보면 우리가 의도한 것 이상의 힘을 지닌 발명품의 사례는 너무나 많다.[6] 인공지능이 우리의 의도나 목적과 다르게 작용할 수 있으므로, 우리는 인간과 기계의 강점과 약점을 이해해야 한다. 인공지능이 인간의 강점이라 여겨진 특성까지 변화시킨다면 더욱 그렇다. 자신의 약점을 보완해 완벽한 존재를 만들고자 하는 인간의 욕망이 인공지능을 만들었다. 그러나 인공지능의 역량이 아무리 강화되어도 여전히 완벽하지 않다면 누가 오류를 교정할 것인가? 완벽하다고 여긴 인공지능이 인간처럼 실수한다면 그 결과는 우리의 상상을 초월할 수 있다. 그렇다면 누가 인공지능의 결점과 약점을 보완해야 하는가? 한 가지는 확실하다. 인공지능 시대에 인간이 지금처럼 더 중요해진 적은 없었다.[7]

인공지능은 기술적 혁신의 문제일 뿐만 아니라 철학적 도전의 문제다. 인간이 무엇이고, 어떻게 존재해야 하는가에 관한 질문을 강력하게 요청하기 때문이다. 우리에게는 인공지능 시대에 우리 인간이 무엇을 만들고 있으며, 그것이 우리에게 어떤 의미인지 해명해 줄 소크라테스가 필요하다. 인간과 유사하게 생각하고 말하는 일반 인공지능(Artificial General Intelligence, AGI)과 인간을 뛰어넘는 초지능(Superintelligence)의 그림자가 어른거릴수록 우리는 더욱더 의심하고 질문해야 한다. 인공지능으로부터 더 좋은 대답을 얻기 위한 기술적 질문이 아니라 인공지능을 어떻게 사용할 것인가에 관한 철학적 질문을 던져야 한다. 이 책은 이러한 질문을 통해 인공지능으로 인해 쇠퇴하고 사라지는 인간의 고유한 능력을 성찰하고자 한다. 이제까지 인간을 인간으로 만드는 고유한 능력은 사고와 감정과 의식이라고 전제되었다. 오늘날 인간을 모방하는 인공지능도 생각하는 것처럼 보이고, 감정이 있는 것처럼 보이며, 어떤 면에서는 의식을 보유한 것처럼 보인다. 강력한 가상은 존재와 현실을 기만한다. 만약 우리가 인공지능이 어떻게 사고와 감정, 의식을 가진 것처럼 보이는지 알 수 없다면, 우리는 인간과 다른 지성적 존재를 만난 것이다.

이러한 상황을 이해하려면 우리는 현재 인공지능이 어떤 방향으로 진화하고 있는지 알아야 한다. 1장에서는 인공지능이 단순히 기술혁신에 그치지 않고 인간의 이해 방식을 근본적으로 바꾸는 지성 혁명이라는 점을 짚어본다. 그리고 이어지는 2장에서 4장까지는 '사고하는 인공지능', '공감하는 인공지능', 그리고 '의식 있는 인공지능'이라는 문제를 다룬다. 인공지능이 정보를 처리하고 소통하는 방식을 바꿈으로써 우리의 세계는 근본적으로 변화했다. 인공지능의 인간 모방이 더욱 완벽해진다면, 우리는 거꾸로 자신이 인간임을 증명해야 할지도 모른다. 마지막인 5장에서는 인간이 인간으로 살아가는 데 근본 조건인 '노동'과 '작업', '행위'의 의미가 변하고 있음을 집중적으로 분석한다.

인간이 지구를 정복한 것은 이야기를 창조하는 능력 때문이었다고 한다. 신화와 전설, 종교와 정치, 문학과 예술은 모두 인간다운 삶, 좋은 삶에 관해 이야기한다. 모든 이야기는 말로 전해지기 이전에 구체적인 삶으로 실현된다. 그런데 미래를 약속하는 인공지능은 삶으로 표현되기도 전에 너무 많은 이야기를 하는지도 모른다. 인공지능은 인간에게 신과 같은 영원한 삶을 제공하는 선물인가? 아니면 인간이 잘못 해방한 판도라의 상자 속 파괴적인 힘인가? 우리는 이제 인공지능으로 실현하고 싶은 우리 자신의 이야기를 해야 한다. 그 이야기는 우리의 삶에서 나와야 한다. 우리는 인공지능으로 어떤 삶을 살고 싶은가? 우리가 스스로 묻고 답하려 노력하지 않는다면, 우리보다 더 뛰어난 인공지능이 자신의 이야기를 우리에게 강요할지도 모를 일이다. 왜 우리는 여전히 인간으로 살고자 하는가?

2024년 여름
미리내에서
이진우

차례

1장

인간과
인공지능의
파트너십

기계가 아무리 인간을 닮아가도 여전히 변하지 않는 인간의 본성
은 무엇인가? 이 질문에 답하려면 우리는 칸트가 초월적 영역에
남겨놓았던 문제로 돌아가야 한다. 그것은 인간으로 살려면 생각
해야만 하는 문제들이다. 신, 영혼, 자유의 문제를 다루려면 우리
는 칸트의 도식에 따라 인간과 기계의 차이를 검토해야 한다. 생
각한다는 것은 무엇인가? 우리는 무엇을 느끼는가? 자유의지는
우리에게 무엇을 의미하는가?

챗GPT의 도전: 인공지능, 인간에게 말을 걸다

　인류 역사에 전환점을 가져올 '조용한 혁명'이 일어나고 있다. 인간이 자신과 세계를 이해하는 방식과 서로 소통하며 사회를 만들어가는 방식이 근본적으로 바뀐다는 점에서 '혁명적'이지만, 우리의 삶과 사회를 어지럽히는 소요나 봉기 같은 조짐 없이 일어나기에 '조용하다'. 무릇 혁명이 그런 것처럼 사회가 변한다는 것을 알지만 그 변화의 함의를 이해하지 못하거나 변화가 워낙 급격하게 일어나서 변화 자체를 감지하지 못할 때, 우리는 '조용한 혁명'이라고 이야기한다. 혁명이 진정한 혁명으로 불리려면 무언가 핵심을 건드려야 한다. 우리가 여기서 말하는 것은 인간 지능을 능가하는 인공지능이 초래할 혁명적 변화다.

　왜 인공지능은 혁명적인가? 혁명의 신호가 게임으로 드러났다는 것은 매우 인상적이다. 규칙을 정해놓고 승부를 겨루는 게임은 해롭지 않고 즐겁기 때문이다. 인공지능 혁명은 인간과 기계의 게임으로 시작돼서 그 영향력과 심각성이 진지하게 받아들여지지 않는 경향이 있다. 인류가 발명한 아날로그 게임 중에서 가장 높은 지적 능력을 요구하는 체스와 바둑이 인공지능의 상대로 지목된 것은 결코 우연이 아니다.

인공지능 연구는 1997년 IBM의 슈퍼컴퓨터 딥블루(Deep Blue)가 세계 체스 챔피언 가리 카스파로프(Garry Kasparov)를 이김으로써 화려하게 등장했다. 기계가 인간을 이겼다. 이것은 매우 충격적인 사건이었지만 흥미로운 소문 정도로 여겨졌다. 체스는 복잡하고 까다로운 심리 스포츠여서 체스를 잘 두는 사람은 천재라는 명성을 얻는다. 그렇다면 세계 체스 챔피언을 이긴 인공지능은 인간보다 훨씬 똑똑하다고 말할 수 있는가? 기계가 인간을 이겼음에도 사람들은 딥블루가 인간 지능을 위협한다고 생각하지 않았다. 인공지능 연구자들도 딥블루의 승리를 인공지능의 위대한 승리로 보지 않았다는 점은 흥미롭다. 트랜스휴머니즘(Transhumanism)의 선구자 레이 커즈와일(Ray Kurzweil)이 이미 1990년에 이 사건을 예측한 것처럼[1], 딥블루의 승리가 인공지능 발전의 한 단계인 것은 틀림없지만 획기적이지는 않았다.

알파고, 인공지능의 도약을 알리다

어렴풋이 예견할 수 있었던 인공지능 시대를 알린 것은 알파고(AlphaGo)였다. 구글 딥마인드(DeepMind)에서 개발한 알파고가 2016년 세계 최고의 바둑기사 이세돌 9단을 4대 1로 승리했을 때, 우리는 SF 영화에서나 봤던 인공지능이 현실이 될 수 있음을 예감했다. 19개의 수직선과 19개의 수평선이 그려져 있는 바둑판의 교차점에 서로 번갈아 가면서 돌을 놓아 쌍방이 차지한 집의 많고 적음으로 승패를 가리는 바둑은 체스보다 훨씬 복잡한 게임이다. 돌을 바둑판 위에 놓을 수 있는 다양한 방법의 경우의 수는 실로 엄청나다. 마법의 펜으로 1초마다 바둑판에 돌의 배열이 다르게 그려질 수 있다고 상상해보자. 137억 년 전 우주의 시작부터 그림을 그리기 시작했고 그 이후로 매 순간 새로운 배열을 그렸다고 해도, 여전히 가능한 모든 배열을 그리지 못할 것이다.[2] 딥블루가 카스파로프와 대결할 당시 사용한 '무차별 대입 알고리즘(Brute Force Algorithm)'으로는 알파고와 같은 바둑을 두지 못한다.

인간이 알려준 수로는 바둑에서 기계가 인간을 이기기 쉽지 않다. 구글은 알파고에 이제까지의 인공지능과는 완전히 다른 프로그램을 적용했다. 바로 기계 학습(머신 러닝; Machine Learning)과 심층 학습(딥 러닝; Deep Learning)을 결합한 것이다. 딥마인드에서 알고리즘 훈련을 위해 먼저 공개 데이터베이스에서 접속할 수 있는 아마추어 대국 10만 개를 알파고에 입력한 이후, 알파고는 수백만 번의 대국을 거쳐 스스로 학습했다. 광범위한 데이터 세트(data sets)와 강화 학습을 거치며 스스로 바둑을 두는 알파고의 능력은 더욱 정교해졌다. 따라서 데이터 세트를 준비하고 알고리즘을 만든 프로그래머도 프로그램이 어떤 수를 둘지 알 수 없다. 이세돌 9단이 변칙적이고

　　　　　　　　　　1장 인간과 인공지능의 파트너십

기발한 수를 수없이 뒀지만, 알파고는 우리 인간이 상상조차 할 수 없을 정도로 변칙적이었다.

알파고의 전술은 실로 인상적이었다. 인간이 알려주지 않은 수는 물론이고 아예 생각조차 할 수 없는 수를 뒀기 때문이다. 알파고는 종종 미리 결정된 규칙을 따르는 전통적인 접근 방식에 도전하면서 창의적이고 틀에 얽매이지 않는 전략을 개발하는 능력을 보여줬다. 이러한 적응성과 창의적인 의사 결정은 인간 지능을 모방할 뿐만 아니라 특정 측면에서는 인간 지능을 능가하는 인공지능의 잠재력을 드러냈다. 딥블루의 성공이 특정 영역에 전문화된 인공지능의 능력을 입증했다면, 알파고의 승리는 모든 실질적 문제에 적용될 수 있는 일반화의 가능성을 암시했다. 알파고에 대한 우리의 놀라움은 바로 두려움으로 바뀌었다. 인공지능은 정말 우리를 능가하는가? 단순한 도구와 기계를 넘어선 인공지능은 결국 우리를 통제할 것인가? "정말 무엇과도 바꾸지 않을 값어치를 매길 수 없는 1승이다."라는 이세돌의 말에 안도해도 괜찮은가?[3] 체스와 바둑에서 인간이 기계에 패배한 것이 인류의 손실이 아니라고 하더라도, 우리는 아직 인공지능을 통제하고 있다고 자신할 수 있는가?

이러한 의심은 2017년 말 구글 딥마인드의 인공지능 프로그램 알파제로(AlphaZero)의 출현으로 더욱 강해진다. 알파제로가 100게임 매치에서 역대 최강의 체스 프로그램 스톡피시(Stockfish)를 무너뜨렸다. 100전 28승 72무 0패로 알파제로의 압승이었다.[4] 딥블루나 스톡피시 같은 기존의 인공지능은 인간이 설계한 경험적 방법과 규칙, 알려진 게임의 광범위한 데이터베이스에 크게 의존했다. 인간보다 우월한 연산 능력으로 같은 시간에 훨씬 많은 수를 검토할 수 있었지만 독창적인 수를 구상하는 것은 아니었다. 반면 알파제로는 게임을 해온 인간에 대한 경험, 지식과 전략이 전혀 없는 상태에서 시작했다. 알파제로는 인간이 미리 입력한 자료 없이 스스로 학습하면서 끊임없이 자신을 완성해가고 있으며 모든 부분에서 이전의 알파고를 능가한다.

여기서 중요한 것은 알파제로의 플레이 스타일이 순전히 인공지능 훈련의 산물이라는 점이다. 프로그램 개발자들은 알파제로에 체스 규칙을 알려준 후 승률을 극대화하는 전략을 찾으라고 지시했을 뿐이다. 알파제로는 심층 신경망을 활용해 위치를 평가하고 결정을 내리는데, 이 신경망은 자기 연습을 통해 학습한 패턴과 전략을 일반화해 가장 효율적인 플레이 라인에 집중한다. 알파제로의 독창성은 결국 방대한 경우의 수를 검토해 패턴을 인식하는 능력에서 나온다. 방대하다는 것은 인간 정신으로는 전부 소화할 수 없음을 의미한다. 우리의 능력을 초월하는 방대한 데이터에서 우리는 어떤 패턴도 읽어내지 못한다. 반면에 알파제로는 우리가 생각조차 할 수 없는 독창적인 수를 둘 수 있는 것이다. 구글 프로그래머들도 알파제로가 작동하는 알고리즘을 더는 이해할 수 없다고 인정한다. 우리는 이제 계산만 빨랐던 딥블루와는 완전히 차원이 다른 인공지능의 세계에 점차 진입하고 있다.

이러한 인공지능은 우리를 어떤 세상으로 안내할까? 인공지능이 독창적인 전략을 개발할 수 있다면, 우리는 종착지를 모르는 고속열차에 우리를 내맡긴 것은 아닐까? 카스파로프는 알파제로의 대국을 지켜본 후 "체스는 알파제로에 의해 뿌리까지 흔들렸다."라고 말하면서 "이것은 앞으로 다가올 일의 아주 작은 예일 뿐이다."라고 확신한다. 그렇다면 인간의 독단적인 경향과 편견이 초인적인 디지털 창작물에 전달된다면 어떻게 될까? 카스파로프의 말처럼 "똑같은 실수를 더 빠르게 수행하는 인공지능을 창조하는 것은 별 의미가 없을"[5]뿐만 아니라 심각한 위험을 초래할 수 있다.

챗GPT, 인간과 대화할 수 있는 인공지능의 등장

그러나 기계와의 게임이라는 인공지능 이야기는 흥미롭지만 진지하게 받아들여지지 않았다. '기계가 이길 것인가, 아니면 인간이 이길 것인가?'는 실존적 위험을 표현하기보다 소수의 마니아 사이에서나 화제가 되는 자극적인 질문일 뿐이었다. 인공지능의 존재를 확실히 각인시키고 우리의 삶과 사회에 혁명적 영향력을 가지고 다가온 것은 챗GPT의 출현이다. 2022년 11월 30일 오픈AI(OpenAI)는 인간이 쓴 것 같은 문장을 생성하는 GPT-3(Generative Pre-trained Transformer 3)라는 인공지능을 공개했다. 이 인공지능이 챗봇(chatbot) 형태로 운영된다는 것은 단순하지만 획기적이었다. 우리가 일상적으로 대화한다는 점에서 '단순하고', 기계와의 대화가 가능해졌다는 점에서 '획기적이다'. 기계가 드디어 인간과 소통할 수 있는 파트너가 된 것이다.

대화를 통해 정보를 얻는 것과 도서관을 뒤져서 정보를 얻는 것 사이에는 엄청난 차이가 있다. 챗GPT는 구글이나 네이버 같은 검색엔진이 아니다. 구글은 검색어와의 관련성에 따라 순위를 매기고 결과를 표시하는 알고리즘에 따라 관련성이 높고 정확한 정보를 신속하게 제공하는 '정보 검색 시스템'이다. 반면 챗GPT는 대화형 맥락에서 인간과 유사한 텍스트를 이해하고 생성하도록 설계된 '대화형 인공지능 모델'이다. 챗GPT는 질문을 제시하면 답을 만들고, 배경 정보와 함께 주제를 제시하면 완성된 글을 작성하며, 대사를 제시하면 대화를 만든다. 몇몇 단어와 함께 김소월 풍의 시를 지어달라고 하면, 한 편의 멋진 시가 순식간에 눈앞에 깜빡거린다. 우리가 정보에 접근하는 데 있어 대화형 인공지능이 자연스럽고 사용자 친화적인 방법으로 자리매김한다면 '검색의 종말'[6]이 실현될 수도 있다.

문제의 핵심은 '대화'다. 우리가 약 7만 년 전 동부 아프리카의 초원에서 광활한 자연을 바라보고 있다고 상상해보라. 이때는 신체적으로 보잘것없는 호모사피엔스가 먹이사슬의 정점으로 올라선 인지 혁명이 일어난 시기다. 우리는 새로운 사고방식과 의사소통 방식을 의미하는 인지 혁명을 촉발한 게 무엇인지 알지 못한다. 어느 날 갑자기 사물이 인간에게 말을 걸기 시작했다. 세상의 만물은 이름이 있고 분류될 수 있으며 정보로서 공유될 수 있다는 것이 인지 혁명의 핵심이다. 단지 하나의 몸짓에 지나지 않았던 그가 이름을 불러주었을 때 내게로 와서 꽃이 되었다는, 김춘수가 쓴 〈꽃〉이라는 시의 유명한 구절처럼 자연은 인간과 대화를 나눌 때 비로소 의미를 얻는다. 유발 하라리(Yuval Harari)가 《사피엔스》에서 멋진 스토리텔링으로 보여주듯이 "호모사피엔스가 세상을 정복한 것은 다른 무엇보다도 우리에게만 있는 고유한 언어 덕분이었다".[7]

기계가 인간에게 말을 걸기 시작했다는 것은 새로운 인지 혁명의 전조다. 챗GPT가 인간과 유사한 텍스트를 생성하는 데 사용된 체계가 거대 언어 모델(Large Language Model, LLM)이라는 것은 우연이 아니다. '생성형 사전 훈련 트랜스포머(Generative Pre-trained Transformer)'의 약칭인 GPT는 텍스트를 인식하고 생성하는 자연어 처리 모델이다. 자연어 처리란 인공지능이 인간의 언어를 이해하고 자연스럽게 반응하도록 만드는 작업이다. 얼마나 많은 데이터를 어떻게 학습해야 기계가 인간처럼 말할 수 있을까? 2018년 발표한 GPT-1에는 1억 1,700만 개의 매개변수(parameter)가 있고, 2019년의 GPT-2에는 1억 2,400만 개부터 15억 개의 매개변수가 있는 총 네 개 버전이 있으며, 2020년 6월에 공개된 GPT-3에는 1,750억 개의 매개변수가 있다. GPT-4는 1조 개의 매개변수를 갖추고 있다고 한다. 언어 간 관계의 개수로 이해될 수 있는 매개변수가 많아질수록 언어는 정밀해지고 자연스러워진다.

이러한 변화는 인공지능이 얼마나 빠른 속도로 변화하고 있는가를 말해줄 뿐만 아니라 인간과 유사한 언어능력을 갖춘 인공지능을 개발하는 게 얼마나 어렵고 복잡한지를 극명하게 보여준다. 인공지능은 인간 지능을 모방한 지능이다. 인공지능 개발 초기 단계는 '규

칙 기반 인공지능'이다. 예컨대 기계가 고양이를 인식할 수 있도록
만들려면 고양이의 특징을 설명해줘야 했다. 그런데 어린아이는 고
양이의 특성에 관한 설명을 듣지 않고도 스스로 학습해 고양이를
인식한다. 이처럼 기계에도 세상을 설명하는 대신 데이터를 기반으
로 학습하는 능력을 부여하려는 시도에서 기계 학습이 시작되었다.
어린아이는 스스로 학습해 고양이를 인식하지만 우리는 어린아이
의 뇌에서 어떤 일이 벌어지고 있는지 정확하게 모른다. 아이들이
문법을 몰라도 말을 잘하고 고양이의 특징을 구체적으로 설명하지
는 못해도 고양이를 인식하는 것처럼, 인간의 뇌를 모방한 심층 인
공 신경망 구조를 가진 인공지능은 심층 학습이라는 신기술로 훨씬
더 많은 데이터를 처리해 인간과 같은 인식능력을 갖춘다.

　인공지능 개발 초기 단계에는 기계를 학습시키는 데 얼마나 많은
데이터가 필요한지 알 수가 없었다. 고양이 사진 100장과 강아지 사
진 100장 정도로는 아무리 학습을 시도해도 기계가 고양이와 강아
지를 구분하지 못했다고 한다. 고양이와 강아지의 모습이 천차만별
일 뿐만 아니라 주위의 배경에 따라 윤곽선이 제대로 드러나지 않
기도 한다. 고양이 옷을 입은 강아지나 강아지 옷을 입은 고양이는
어떤가? 그런데 고양이와 강아지 사진을 10만, 100만 장을 학습하
자 드디어 기계가 사물을 구별하기 시작했다고 한다. 인공 신경망
으로 학습한 인공지능은 어떤 입력이 주어지든 인간이 할 수 있는
방식으로 답변을 생성한다. 고양이 사진을 보여주며 "저게 왜 고양
이예요?"라고 물어보면 "글쎄, 뾰족한 귀가 보이는군요."라고 설명

한다. 다만 인공지능 스스로도 어떻게 고양이 이미지에서 고양이라는 개념을 추출할 수 있는지는 설명하기 어렵다. 분명한 것은 인공지능이 인간과 유사한 방식으로 작업한다는 점이다.[8]

이미지를 인식하고 구별하는데도 엄청난 데이터와 학습이 필요한데, 인간처럼 말하고 글을 쓰는 인공지능을 만들려면 얼마나 많은 데이터가 필요할까? 어린아이는 말하기 시작하면 어휘가 많지 않아도 말장난을 할 수 있을 정도로 자유자재로 구사한다. 인간의 핵심 능력인 언어는 복잡하고 유연하다. 한 단어와 다른 단어가 어떤 순서로 연결되느냐에 따라 문장의 의미가 달라진다. 단어의 의미는 사용하는 맥락에 따라 달라지고 문법적으로 허용되지 않는 말이 의미 있는 문장을 만들어내기도 한다. 챗GPT는 결코 문법적으로 사고하지 않는다. 어떤 단어, 문장, 텍스트가 주어지면 다음 단어, 문장, 텍스트로 무엇이 나올지를 두고 확률적으로 사고한다.

우리는 로미오가 줄리엣을 사랑한다는 것을 잘 알고 있지만, 기계가 '로미오가 줄리엣을~' 다음에 '사랑한다'는 단어를 선택하려면 엄청난 학습이 필요하다. "챗GPT가 항상 근본적으로 하려고 하는 것은 지금까지 얻은 텍스트의 '합리적인 연속'을 생성하는 것이다. 여기서 '합리적'이란 '사람들이 수십억 개의 웹 페이지에 쓴 내용을 본 후 누군가가 쓸 것이라고 기대할 수 있는 내용'이다."[9] 얼마나 많은 데이터를 학습해야 인간처럼 자연스럽게 말할 수 있을까? 적어도 수천억 단위의 데이터가 있어야 문장과 언어를 학습한다. 그렇다면 어린아이는 어떻게 학교에서 배우기도 전에 문법적으로 대부분 옳은 문장을 구사하는 것일까? 혹시 우리는 엄청난 언어 모듈을 가지고 태어난 것은 아닐까? 스티븐 핑커(Steven Pinker)는 인간의 뇌가 이미 진화적으로 만들어진 문법 모듈을 가지고 태어난다고 주장한다.[10] 인간과 유사한 언어능력을 갖추려면 엄청난 데이터가 필요하다는 것은 분명하다.

과연 인공지능은 인류의 진화 과정에서 축적되고 개발된 학습 능력을 뛰어넘을 수 있을까? 이보다 더 중요한 것은 현재 인공지능이 인간 지능과 비슷해졌다는 사실이다. 챗GPT는 인간과 개방형 대화에 참여한다. 개방형 대화란 특정 주제나 목표에 국한되지 않고 참가자들이 자유롭게 광범위한 주제를 탐색하도록 허용하는 의사소통 스타일이다. 대화는 역동적이고 유동적이며 자발적인 방향 전환이 가능하다. 참가자들은 별로 관계가 없는 아이디어를 탐구하고 개인적인 경험을 공유하거나 토론 중에 자연스럽게 발생하는 주제를 탐구할 수 있다. 챗GPT와 같은 대화형 인공지능이 개방형 대화에 참여할 수 있다는 것은 모델이 미리 정의된 좁은 주제에 국한되지 않고 다양한 사용자 입력, 질문 또는 프롬프트에 응답할 수 있음을 의미한다. 사용자는 좀 더 자연스럽고 제한 없는 방식으로 기계와 상호 작용할 수 있으며 특정 스크립트나 구조 없이도 다양한 주제를 탐색할 수 있다.

인공지능 시대는 인간이 기계와 대화를 나누는 시대다. 생성형 인공지능의 대명사가 된 챗GPT의 핵심은 바로 '챗(chat)'에 있다. 호모사피엔스가 약 7만 년 전 인지 혁명을 통해 획득한 언어능력은 다름 아닌 '뒷담화'다. 이 능력 덕택에 그들은 몇 시간이고 계속해서 수다를 떨 수 있다. 누가 신뢰할 만한 사람인지 믿을 만한 정보가 있으면 사피엔스 무리는 더욱 긴밀하고 복잡한 형태로 협력할 수 있다.[11] 뒷담화가 오늘날 신문 칼럼과 방송, 이메일과 SNS 그리고 유튜브로 진화했다는 사실을 생각하면, 챗GPT가 앞으로 우리에게 어떤 영향을 미칠지 쉽게 가늠이 되지 않는다.

생성형 인공지능 챗GPT는 향상된 기억 능력으로 무장했고 비교적 긴 대화를 나눌 수 있다. 시와 이야기를 지어내고 작곡을 하며 게임도 할 수 있는 기계와 뒷담화를 한다는 상상을 해보라. 근본적으로 우리는 인공지능 챗봇에게 우리가 원하는 모든 것을 물을 수 있으며, 이 물음에 대해 상당히 정확한 대답을 들을 수 있게 되었다. 우리는 인공지능과 '인간적인' 대화를 하게 된 것이다.[12] 기계와의 대화가 자연스러워질수록 우리는 대화 상대가 기계라는 사실을 잊지는 않을까? 이것이 바로 챗GPT가 초래한 혁신과 혁명의 핵심이다.

인간 지능의 역사와 지성 혁명

인공지능의 혁명적 성격을 파악하려면 우리는 그것이 등장하면서 만들어진 소문과 뒷담화의 안개를 뚫고 들어가야 한다. 알파고가 이세돌 9단을 이겼을 때도 인공지능에 관한 이야기로 소란스러웠지만, 인공지능이 가져올 미래 사회에 대한 논의는 심각하지도 않았고 길게 이어지지도 않았다. '인공지능'이라는 용어를 친숙하게 만든 것이 그나마 알파고를 둘러싼 야단법석의 성과였는지도 모른다. 그러나 우리가 잊고 있던 사이에 인공지능은 엄청난 속도로 발전해 이미 우리 삶의 모든 영역으로 침투해 들어오고 있다.

챗GPT는 모든 사람이 인공지능에 접근할 수 있고 놀라울 정도로 사용하기 쉽게 만들었다. 대화형 인공지능인 챗GPT가 출시된 지불과 8주 만에 사용자가 1억 명에 달했다고 한다. 그 정도의 사용자를 확보하는 데 인스타그램이 2년 반, 틱톡이 9개월이나 걸렸다는 점을 생각하면, 이 대화형 인공지능은 정말 빠르게 성장하고 있다.

그것이 가져올 변화와 충격은 그 발전의 속도만큼이나 상상조차 하기 힘들다. 빌 게이츠(Bill Gates)가 자신의 블로그에서 천명한 것처럼 "AI 시대가 열렸다."라는 사실은 분명해 보인다.[13]

그렇다면 챗GPT는 많은 사람이 이야기하는 것처럼 '혁명적'인가? 빌 게이츠는 챗GPT가 마이크로프로세서, 개인용 컴퓨터, 인터넷, 스마트폰의 탄생만큼 혁명적이라고 선언한다. 그가 예측하는 인공지능 혁명은 사회적이고 경제적이다. 인공지능은 사람들이 일하고 배우고 여행하고 건강 관리를 받고 서로 소통하는 방식을 바꿀 것이다. 전체 산업이 이를 중심으로 방향을 바꿀 것이다. 기업은 그것을 얼마나 잘 사용하느냐에 따라 차별화될 것이다. 구글의 CEO 순다르 피차이(Sundar Pichai)는 2018년에 인공지능의 효과는 인간이 발명한 불이나 전기보다 훨씬 더 클 것이라고 장담했다.[14] 헨리 A. 키신저(Henry A. Kissinger)는 챗GPT가 인간 지성을 근본적으로 변화시킬 것이며, 이러한 '지성 혁명(Intellectual Revolution)'은 구텐베르크 혁명에 못지않을 것이라고 주장한다.[15]

인쇄 기술이 세계에 대한 인간의 이해 방식과 소통 방식을 혁명적으로 바꿔놓은 것처럼, 생성형 인공지능은 우리 인간이 일하고 배우고 서로 소통하는 방식을 근본적으로 바꿀 것이다. 자동화가 이제까지는 육체노동자에게만 영향을 미쳤다면, 인공지능은 화이트칼라도 인공지능 숙련자와 미숙련자로 양극화할 것이다. 우리가 인공지능의 방향과 영향을 제대로 파악하지 못하고 우왕좌왕할 때, 인공지능은 우리의 삶을 근본적으로 그리고 혁명적으로 바꿔놓을 것이다.

인공지능을 예비한 인간 지능의 역사

인공지능이 예고하는 지성 혁명은 그것으로 초래될 사회적·정치적 변화보다 훨씬 더 근원적이다. 인간과 '유사하게' 생각하고 말하며 대화를 나누는 인공지능은 인간과 '다른' 방식으로 현실에 접근한다. 지난 2,000년간 인간이 바둑을 두면서 누구도 생각하지 못한 전략으로 이세돌을 이겼을 때, 인공지능은 도대체 어떻게 그 수를 발견했을까? 인공지능이 프로그래머가 부여한 목적을 달성하려고 스스로 학습하고 적용하는 모델을 어떤 인간도 인지하거나 이해하지 못한다면, 우리는 세상을 더 잘 이해하고 있다고 할 수 있는가? 기계가 인간처럼 생각하고 느끼면서 인간과 소통할 뿐만 아니라 인간의 전유물이라 여겨졌던 사회적 역할까지 수행한다면, 인공지능은 우리 인간의 지각과 인지 작용에 어떤 영향을 미치고 우리의 상호작용을 어떻게 바꿔놓을 것인가?

우리 인류는 기술과 공진화(coevolution)해왔지만, 기술로 인해 사회정치적 구조가 바뀌긴 해도 현실을 이해하는 방식이 근본적으로 바뀌진 않았다. 말이 자동차로 바뀌고 빨래터가 세탁기를 통해 집 안으로 들어와도 사고방식과 소통 방식이 달라지진 않았다. 하지만 인공지능은 사회적·경제적 변화뿐만 아니라 이제까지 크게 흔들리지 않았던 사고방식과 소통 방식마저 바꿔놓을 것이다. "그 변화의 중심에는 인간이 현실을 이해하는 방식, 그리고 그 안에서 자신이 맡은 역할을 이해하는 방식을 바뀌놓는 철학적 전환이 있을 것이다."[16]

우리 사고방식의 패러다임을 뒤흔드는 기술은 드물다. 인지 혁명이 일어난 이래 고대 인류는 오랫동안 문자 없이 서로 소통했다. 가장 오래된 동굴 벽화로 알려진 쇼베퐁다르크(Chauvet-Pont-d'Arc) 벽화 또는 쇼베 벽화는 대략 3만 년에서 3만 3,000년 전, 그리고 라스코(Lascaux) 벽화는 1만 7,000년 전으로 거슬러 올라간다. 쇼베 벽화는 매머드, 말, 코뿔소 등 동물의 상세한 묘사를 통해 해부학적 구조와 행동에 대한 정교한 이해를 시사할 뿐만 아니라 초기 인류의 상징적 사고와 예술적 능력에 대한 통찰력을 제공한다. 초기 인류는 추상적·상징적 사고를 통해 영장류보다 헤아릴 수 없을 정도로 뛰어난 정신 능력을 발달시켰다. 그들은 음성과 이미지를 통해 현실을 이해하고 서로 소통했다. 이러한 지적 능력은 도구 제작의 급속한 혁신, 복잡한 언어의 발전 및 정교한 예술 형식의 창조를 가져왔다.[17]

완만하게 진행되던 초기 인류의 지적 발전은 문자가 발명되면서 획기적으로 변화한다. 인류 역사상 최초의 문자로 알려진 수메르 쐐기문자가 기원전 3,200년경 발명되었고 중국의 갑골문자는 기원전 1,200년경의 상(商)나라로 거슬러 올라가니, 인간이 문자를 가진 것은 길어야 약 5,000년 정도도. 인류는 비로소 글쓰기를 통해 자신의 기억을 외부화할 수 있었다. 정보는 시간과 공간을 넘어 기록되고 전승될 수 있어 구전 전통에 대한 의존도가 획기적으로 줄어들었다. 글쓰기를 위한 상징과 규칙을 만드는 행위에는 추상적 사고가 필요했으며, 이는 인간이 세계를 이해하고 개념화하는 방식에 영향을 미쳤다. 신화가 창조되고 문화가 계승됨으로써 인류는 국가와 같은 훨씬 더 큰 조직을 만들었다. 무엇보다 우리의 두뇌가 쓰인 기호를 처리하는 데 적응했다. 시각 피질은 진화적 선례가 없음에도 불구하고 문자와 단어를 해석하도록 진화했다.[18] 간단히 말해, 글쓰기는 사고를 외부화하고 상징을 도입하며 기억력을 강화하고 추상적 사고를 육성함으로써 인간의 인식을 변화시켰다.

인간의 지적 능력은 음성, 이미지, 문자의 경로로 발전했다. 이러한 과정을 통해 축적된 지적 능력이 티핑 포인트에 도달했을 때 인류는 비로소 자신의 활동을 성찰하는 철학을 가질 수 있었다. 이렇게 자의식을 갖게 된 인간은 자신이 세계를 이해하는 능력인 '이성'이 도대체 무엇이며, 이 이성을 갖고 어떻게 세계를 인식할 수 있는가에 관해 인지하기 시작한 것이다(이를 '메타인지[metacognition]'라고 한다). 카를 야스퍼스(Karl Jaspers)가 말한 '차축 시대(Achsenzeit)'가 도래한 것이다. 기원전 8세기에서 2세기에 이르는 약 500년 동안 중국, 인도, 서아시아, 서양에서 상호 교류와 혼합이 없었는데도 기술 진보와 더불어 철학적·종교적 사고에 중대한 변화가 일어났다.[19] 중국의 공자와 노자, 인도의 붓다, 페르시아의 차라투스트라, 그리고 고대 그리스의 호메로스와 플라톤과 아르키메데스는 실재의 본성에 대한 추상적·형이상학적 사고를 통해 세계 문명사의 발전을 새로운 방향으로 이끌었다.

인간 이성과 지능은 문자가 발명된 이래 폭발적으로 발전했다. 그 역사는 길게 봐야 5,000년이고, 인류 문명의 발전 방향이 근본적으로 바뀐 차축 시대를 기점으로 하면 2,500년밖에 되지 않았다. 인공지능의 창조로 이어지는 과학혁명이 시작된 것은 불과 500년 전이다. 인간은 이 시기에 자신의 지적 능력을 활용해 현실을 이해하고, 이해의 경험을 축적해 미래를 예측하려고 노력했다. 무엇보다 인간은 자신의 경험뿐만 아니라 세계를 이해하는 자신의 능력 자체를 성찰하는 자기의식을 발전시켰다. 철학은 바로 이러한 자기의식의 표현이다. 사고방식과 소통 방식에 혁명적 영향을 미칠 인공지능의 성격을 이해하려면, 우리는 지난 2,500년 동안의 이성의 역사를 되짚어볼 필요가 있다.

인간이 이성을 가진 존재라는 전제 아래 이성을 통해 현실을 이해할 수 있다는 패러다임은 과학혁명이 일어날 때까지 오랫동안 지속되었다. 이러한 패러다임은 이성만으로 설명할 수 없는 현상을 어떻게 해석하느냐에 따라 균열이 일어났다. 이러한 균열과 단절은 이른바 '코페르니쿠스 혁명(Copernican Revolution)'으로 서술된다. 르네상스 시대 폴란드의 천문학자인 니콜라우스 코페르니쿠스(Nicolaus Copernicus)는 당시의 지배적인 패러다임인 지구가 우주의 중심이라는 천동설을 반박하고 태양이 우주의 중심이라는 지동설을 주장한다. 코페르니쿠스가 1543년에 자신의 태양 중심 이론을 체계화한 《천구의 회전에 관하여》[20]라는 책을 출간하면서 제목에 쓴 '회전(revolutionibus)'이라는 말은 새로운 세계관과 함께 '혁명

(revolution)'이라는 용어의 기원이 되었다.

1610년 갈릴레오 갈릴레이(Galileo Galilei)는 망원경으로 천체를 관찰해 코페르니쿠스의 태양 중심 모델을 입증했으며, 1687년에는 근대의 과학혁명을 집대성한 아이작 뉴턴(Isaac Newton)의 《자연철학의 수학적 원리》[21]가 라틴어로 쓰였다. 15세기에서 17세기에 이르는 짧은 기간 동안 우리의 사고방식과 소통 방식이 혁명적으로 바뀐 것이다. 철학은 언제나 이미 일어난 혁명적 변화를 뒤늦게 성찰한다. 이마누엘 칸트(Immanuel Kant)가 1781년 발표한 《순수 이성 비판》은 바로 이러한 성찰의 결과다. 칸트가 플라톤의 형이상학을 거부하는 자신의 철학을 코페르니쿠스 혁명에 비유한 것은 의미심장하다. 우리가 인공지능의 혁명적 성격을 파악하려고 플라톤의 '동굴의 비유'와 칸트의 '코페르니쿠스 혁명'을 검토해야 하는 이유가 여기에 있다. 두 가지 패러다임의 관점에서 보면 인공지능이 초래할 사고방식의 변화가 더욱 뚜렷이 보이기 때문이다.

플라톤의 동굴의 비유는 세계를 이해하는 방식에 있어서 고전적 모델을 대변한다. 서양 형이상학의 고전이라 불리는 《국가》의 제7권에서 플라톤이 소크라테스와 글라우콘의 대화 형식으로 서술한 동굴의 비유는 인간이 진리에 도달하는 과정을 상당히 입체적으로 그린다. 인간이 어릴 적부터 사지와 목을 결박당한 상태로 살아가야 하는 지하의 동굴은 인간에게 주어진 실존적 조건이다. 그들은 뒤쪽의 불빛으로 인해 자신들의 맞은편 동굴 벽면에 투영되는 그림자를 실재라고 믿는다. 그들은 포박되어 있어서 앞만 볼 수밖에 없다.

동굴은 그림자와 실재의 거대한 싸움이 벌어지는 곳이다. 무엇이 현실인가? 그림자가 우리의 일상적 현실인가, 아니면 우리가 보지 못하는 실재가 진짜 현실인가? 플라톤은 그림자 영역 밖의 실재와 진리의 세계를 전제한다. 플라톤은 어느 날 죄수 중 하나가 갑자기 목을 돌려 그림자를 만들어내는 불빛을 바라보는 과정을 일종의 해방으로 묘사한다. 이 과정의 첫 번째 중요한 사고의 혁명은 바로 목을 돌려 시선을 바꾸는 행위인 '페리아고게(periagoge)'다. 우리가 진리를 사랑한다면, 우리는 일시적이고 순간적인 것에서 영원한 것으로 초점을 맞출 수 있다는 것이다. 이러한 사고의 전환은 직관적이다. 우리는 우리에게 익숙한 그림자로부터는 어떤 추론으로도 불빛의 존재를 결코 인식하지 못한다. 게다가 어두운 곳에서 갑자기 밝은 곳으로 나온다면 빛을 보는 행위 자체가 고통이다.

하지만 그림자 세계 바깥에 진짜 세계가 있다는 사실에 익숙해지면, 동굴에서 해방된 죄수는 비로소 동굴 밖 태양의 세계를 만끽할 수 있다. 그는 햇빛이 비치는 세계와 그 안에서 변화하는 자연을 이해하면서 행복감을 느낀다. 행복을 경험한 사람은 철학자가 되어 이제 갇혀있는 동료 죄수들을 구원하려고 동굴 속으로 내려간다. 계몽의 하강이 시작된 것이다. 그러나 어두운 곳에서 밝은 곳으로 나오는 것과 마찬가지로 밝은 곳에서 어두운 곳으로 들어가는 일도 고통이다. 우리는 어떻게 그림자를 현실로 받아들이는 사람들에게 그림자의 세계는 거짓일 뿐이며 바깥에는 영원히 변하지 않는 이데아(idea)의 세계가 있다는 것을 설득할 수 있는가? 플라톤은 이러한 계몽의 작업이 죄수들에게는 오히려 폭력으로 다가와 그런 일을 시도하는 자가 자칫 죽임을 당할 수 있다고 경고한다.[22] 플라톤은 여기서 그림자의 세계가 이데아의 세계와 마찬가지로 강력한 힘을 가지고 있다는 사실을 암시한다.

인공지능, 인간의 인식론 모델에 커다란 물음을 던지다

플라톤이 '동굴의 비유'를 통해 제시한 질문은 여전히 우리의 사고방식을 지배한다. 우리가 보는 것이 현실인가, 아니면 그 현실 뒤에 진짜 현실이 있는가? 만약 현상 뒤에 이데아가 존재한다면, 우리는 그것을 어떻게 인식할 수 있는가? 직관을 통해 진짜 현실을 경험한 사람은 어떻게 여전히 그림자에 속박된 사람들과 소통할 수 있는가? 플라톤은 눈에 보이는 것이 다가 아니라는 전제 아래 우리에게는 눈으로 볼 수 없는 것을 보는 지성이 있다고 주장한다. 바로 이것이 세계를 이해하는 고전적 모델이다. 이러한 모델은 이원론적이다. 의견과 이데아, 가상과 실재, 생성과 존재는 서로 연관되어 있지만 질적으로 다른 것으로 파악되었다.

인공지능은 이러한 형이상학적·인식론적 모델에 커다란 물음표를 붙인다. 플라톤은 세계를 감각적으로 알 수 있는 것과 사유를 통해 알 수 있는 것으로 구분했다. 감각적으로 알 수 있는 것은 우리가 의견을 가지는 대상이다. 우리는 벽면에 비친 그림자를 보고 그 형태를 상상하며 그것이 어떤 존재라고 믿는다. 따라서 우리가 들고 보는 것은 상상과 믿음의 대상이다. 그렇다면 우리가 지성으로 알 수 있는 것은 무엇인가? 자연의 다양한 사물에서 추상한 것, 예를 들어 삼각형·정사각형·원과 같은 도형이나 하나·둘·셋과 같은 숫자가 바로 지성으로 파악할 수 있는 것이다. 이들은 우리가 보는 이미지를 통해 원형과 패턴을 찾아가는 '추론적 사고(dianoia)'에서 도출된다. 물론 플라톤은 추론적 사고만으로 세계의 원인과 원리를 직접 파악할 수 있다고는 생각하지 않았다. 그는 세계를 있는 그대로 파악하는 지성의 직접적 작용을 '직관(noesis)'이라고 불렀다. 직관은 인간이 할 수 있는 최고의 사유다. 생각하는 능력이 인간을 비로소 인간답게 만드는 최고의 능력이라면, 최고의 사유는 바로 사유 자체를 사유하는 것이다. 이렇게 우리는 형이상학적 세계 이해의 정점에 도달한다. 아리스토텔레스가 《형이상학》에서 간단한 정식으로 표현한 '사유의 사유(noesis noeseos)'[23]는 형이상학의 궁극적 목표다.

상관없어 보이는 엄청난 데이터에서 패턴을 발견해 특정한 결론에 이르는 인공지능은 직관이 없다. 적어도 현재는 아직 없는 것처럼 보인다. 인공지능은 결코 동굴 밖으로 나가 실재를 보려고 하지 않는다. 인공지능은 단지 벽면에 비치는 수많은 이미지로부터 현실을 추론할 뿐이다. 여기에서 몇 가지 물음을 던질 수 있다. 인공지능은 직관적 사유를 할 수 있는가? 우리가 추론적 사고마저 인공지능에 맡긴다면, 우리가 잃어버릴 위험이 있는 사고 능력은 무엇인가? 우리가 생각하는 자신을 사유함으로써 정체성을 얻는다면, 인공지능 시대에 우리의 정체성은 어떻게 결정되는가? 분명한 것은 우리가 지금 형이상학 이후의 시대에 살고 있다는 점이다. 누군가에게는 생각 자체를 생각한다는 말이 공허하게 들리겠지만, 형이상학의 시대에 '사유의 사유'는 신적인 영역에 속했다. '생각하는 동물'인 인간은 생각하는 행위 자체를 성찰함으로써 신에 가까워질 수 있었다. 이런 의미에서 인공지능 시대는 신이 없는 시대다. 어쩌면 우리가 신을 인식하기를 포기했기에 인공지능 시대가 열렸는지도 모른다.

과학혁명과 함께 출현한 계몽주의는 신을 포기한 인간의 자기 성찰을 반영한다. 코페르니쿠스가 우주의 중심을 지구에서 태양으로 돌려놓았듯이, 세계 이해의 중심을 신에게서 인간으로 전환한 것은 그야말로 혁명적이었다. 칸트는 생각할 수 있지만 인식할 수 없는 것을 포기하고 인간이 자신의 이성으로 알 수 있는 것이 무엇인지에 집중했다. 우리는 오늘날 칸트를 근대 형이상학의 대변인이라고 생각하지만, 그는 어쩌면 인공지능의 길을 예비한 인식의 전환을 가져온 혁명가인지도 모른다. 칸트의 철학은 전통 형이상학자들과 마찬가지로 '이성 중심주의'였지만, 신에게서 멀어진 그의 이성은 철저하게 '인간중심적'이었다.

칸트 철학의 핵심은 후대에 많은 영감과 동시에 당혹감을 준《순수 이성 비판》재판 서문에서 가장 극명하게 드러난다. 칸트는 여기서 "사고방식의 코페르니쿠스 혁명"[24]을 이야기했다. 무엇이 코페르니쿠스에 버금가는 사고방식의 혁명인가? 전통 형이상학에 의하면 대상이 먼저 주어져 있고 우리는 그 대상을 따른다. 우리에게 있어

1장 인간과 인공지능의 파트너십

생각이란 언제나 주어진 외부의 대상에 대한 생각이다. 그런데 칸트에 의하면 "우리는 사물에 관해서 우리 자신이 그 사물에 집어넣은 것만을 선험적으로 인식할 수 있다."[25] 이는 영국의 철학자 프랜시스 베이컨(Francis Bacon)이 제안하고 갈릴레오 갈릴레이의 실험으로 구현된 자연과학적 인식 혁명에 따른 것이다.

사고방식의 혁명은 우리가 사물을 이해하는 방식에서 일어난다. 칸트에 의하면 우리가 대상에 관여하는 방식에는 근본적으로 두 가지가 있다. 하나는 우리가 대상의 성질을 따르는 것이다. 전통 형이상학은 우리가 대상의 본질을 인식할 수는 있지만, 그러려면 직관적 인식을 방해하는 장애물을 제거해야 한다고 생각했다. 그러나 우리 이성은 근본적으로 불완전해서 우리가 대상의 성질에 관해 선험적으로 무엇을 알 수 있는지 통찰할 수 없다.

다른 하나는 대상을 인식하는 인식 주체를 따르는 것이다. 우리 안에는 대상을 인식할 수 있는 지성의 규칙이 선험적으로 주어져 있다. 따라서 우리가 경험하는 모든 대상은 필연적으로 이 규칙을 따라야 한다는 것이다. 우리가 빨간 장미를 빨간 장미로 인식할 수 있는 것은 우리가 이 대상을 '빨강'과 '장미'라는 개념으로 바라보기 때문이다. 이런 점에서 대상은 우리의 지성이 만들어낸 구성물이다. 우리는 우리가 만들어내지 않는 것을 결코 인식하지 못한다. 우리가 머릿속에서 상상으로라도 만들어내야 그것을 인식할 수 있다. 우리는 이런 방식으로 핵폭탄을 만들고 핵전쟁이 초래할 디스토피아를 상상한다. 화성 식민지를 꿈꾸게 할 인공위성도 이렇게 만들어진다. 인간 지능을 능가할 인공지능을 가능하게 만드는 것도 바로 이런 사고방식이다. 따라서 칸트가 말하는 사고방식의 혁명은 다음의 명제로 간단명료하게 서술된다. "이성은 자신의 설계에 따라 자기 자신이 생산하는 것만을 이해한다."[26]

이러한 혁명을 통해 전통 형이상학에서 중요했던 문제는 이제 인식의 영역에서 제외된다. 우리의 유한한 이성은 영혼이 불멸하고 의지가 자유로우며 신이 존재한다는 것을 결코 증명할 수 없다. 칸트가 말하는 '물자체(Ding an sich)'는 여전히 우리가 인식할 수 있는 것의 지평을 형성하지만, 우리가 직접 알 수 있는 차원을 초월한다. 물론 신, 영혼, 자유는 우리의 삶에서 의미 있는 중요한 문제다. 실증주의가 아무리 우리의 사고를 지배한다고 해도 이를 초월하는 것은 여전히 실존적 의미가 있다. 칸트는 이러한 초월적 문제를 두고 "인식할 수는 없지만, 적어도 사유할 수 있어야 한다."[27]고 주장한다.

칸트에 따르면 철학은 네 가지 근본적인 질문을 던진다. 첫째, 나는 무엇을 알 수 있는가? 둘째, 나는 무엇을 해야 하는가? 셋째, 나는 무엇을 희망할 수 있는가? 넷째, 인간이란 무엇인가? 형이상학은 첫째 질문에 답하고, 도덕과 윤리학은 둘째 질문을 담당하며, 종교는 셋째 질문에 대답한다. 모두 인간과 인간의 본성에 관한 질문이다. 칸트는 "근본적으로 처음 세 가지 질문은 마지막 질문과 관련되어 있기 때문에 모든 것은 인간학으로 간주될 수 있다."[28]라고 말한다. 이러한 질문은 인공지능 시대에도 여전히 타당하다. 우리는 이 물음을 인공지능 시대에 맞게 변주해야 한다. 이러한 질문을 통해

1장 인간과 인공지능의 파트너십

우리 이성의 한계를 알 수 있기 때문이다.

인공지능이 인간 지능을 위협하는 시대에 우리는 어떤 질문을 던져야 하는가? 칸트는 이러한 질문을 던지는 것이 일종의 운명이라고 생각한다. "인간 이성은 어떤 종류의 인식에 있어서 특별한 운명을 지니고 있다. 즉, 인간 이성은 자신이 거부할 수 없는 물음으로 괴로움을 겪는다. 왜냐하면 이러한 물음은 이성의 본성 자체에 의해 부과되어 있지만, 인간 이성의 모든 능력을 넘어서 있어 스스로 답할 수 없기 때문이다."[29] 만약 챗GPT와 같은 대화형 인공지능이 인간의 모든 질문에 척척 대답한다면, 우리 인간은 어떤 질문을 던져야 하는가? 우리가 거부할 수도 없고 대답할 수도 없는 질문은 무엇인가? 질문이 인간에게 주어진 운명이라면, 우리는 질문의 의미를 강조한 소크라테스로 돌아갈 필요가 있다.

인공지능 시대의 소크라테스

인공지능 혁명은 현실을 이해하는 방식을 근본적으로 바꿔놓는 '철학적 전환'이다. 자연이 우리에게 말을 건네면서 인류의 인지 혁명이 시작되었다고 한다면, 인간이 기계와 대화하는 시대에 세계를 경험하는 우리의 방식은 어떻게 바뀔 것인가? 인간은 이제까지 경험을 통해 세계를 이해하려고 각고의 노력을 기울였다. 디지털 혁명과 인공지능의 발전으로 우리가 얻을 수 있는 정보와 지식은 우리의 능력을 훌쩍 뛰어넘었다. 현재 우리는 변화의 임계점에 도달했다. 이제까지 인류는 집단 기억의 한계를 극복하려고 다양한 개념과 도서관 같은 공간을 만들었지만, 디지털 네이티브는 그럴 필요성을 느끼지 않는다. 오늘날 우리는 궁금한 것이 있으면 그냥 대화형 인공지능에 물어본다. 그러면 챗봇은 인공지능을 이용해 질문에 답한다. 우리가 상상할 수 없을 정도의 정보와 기억력을 가진 인공지능이 답할 수 없는 것은 아무것도 없는 것처럼 보인다.

자기 성찰의 철학이 처음 탄생한 시대에 인간은 어떻게 세계에 대한 정보를 구하고 그것을 우리의 삶에 적용하는 지혜를 얻었을까? 기원전 7~6세기 밀레투스의 탈레스(Thales of Miletus)는 신화를 통해 세계를 이해하는 방식에 만족하지 않고 경험과 관찰을 통해 지구가 둥글다는 사실을 발견했다. 그는 현대의 과학적 방법과 유사한 접근법을 통해 수학과 기하학을 정립했다. "원은 임의의 지름으로 이등분된다." "이등변삼각형의 두 밑각은 서로 같다." 이러한 기하학적 증명은 경험에 바탕을 둔 과학적 호기심과 질문 덕택이었다. 우리 머리 위에서 반짝이는 밤하늘의 무수한 별을 바라보면서 그는 이 우주를 구성하고 움직이는 근원과 원리가 무엇인지 생각했다. 신이 세계를 창조했다면 도대체 그 신은 어떻게 존재하는가? 사랑으로 만물이 만들어지고 갈등과 싸움으로 만물이 파괴된다면, 그 사랑과 갈등의 원인은 무엇인가? 이처럼 우리를 세계에 대한 지식과 지혜로 이끈 것은 비판적 질문이었다.

웅덩이에 빠진 탈레스의 일화는 한편으로는 철학이 탄생할 때부터 꼬리표처럼 따라붙은 철학에 대한 조롱을 표현하지만, 다른 한편으로는 철학적 질문의 본질과 중요성을 분명하게 드러낸다. 어느 날 탈레스는 하늘의 총총한 별을 보려고 위만 보고 걷다가 웅덩이에 빠졌다. 이 모습을 본 트라키아의 하녀가 깔깔대며 놀렸다. 하늘에 무엇이 있는지 알려고 애쓰다가 막상 자기 발밑에 있는 게 무언지는 알지 못한다는 것이다. 그런데 하늘의 이치를 알려고 하면서 바로 앞의 웅덩이는 보지 못한다는 조소에 철학적 질문의 핵심이 있다. 철학자는 자기 코앞에 무엇이 있는지 모를 수 있지만, 인간이 어떤 존재인지 그리고 그의 본성에 부합하는 것이 무엇인지를 알려고 노력한다는 것이다.

플라톤이 대화편 《테아이테토스》[30]에서 소크라테스의 입을 빌려 들려주는 이 이야기는 인공지능 시대에 많은 것을 시사한다. 철학적 질문은 현상을 넘어 그 밑바탕에 있는 원리를 겨냥한다. 철학적 질문은 본질적이다. 인간은 어떤 존재인가? 인간의 본성은 어떻게 실현되는가? 무엇이 인간의 본성에 부합하는지 어떻게 알 수 있는가? 인간 지능과 인공지능이 경쟁하고 갈등하는 시대에도 핵심적 문제는 여전히 '인간'이다. 인공지능 시대에 우리에게 가장 가까운 것은 무엇인가? 인공지능 혁명으로 엄청난 분량의 정보가 엄청난 속도로 쏟아진다. 우리는 이미 엄청난 데이터와 정보의 웅덩이에 빠져있다. 그렇다면 인공지능 시대에 인간으로 살려면, 우리는 어떤 질문을 던져야 하는가? 하녀와 군중에게 조롱당하고 심지어 쓸모없다고 배척당하는 철학이 인공지능 시대에 무엇을 할 수 있는가? 자신의 무력함을 인정하는 철학에 남겨진 것은 질문뿐인가?

인공지능이 연 '질문이 돈이 되는 세상'

그런데 챗GPT는 인간에게서 질문의 능력마저 박탈하려는 것처럼 보인다. 그 방식이 역설적이다. 어떤 질문이든 막힘없이 바로바로 대답하는 인공지능으로부터 우리가 원하는 답을 구하려면 정확한 질문을 제시하는 것이 무엇보다 중요하다. 챗GPT는 우리가 질문할 때마다 매번 '어떻게 질문해야 질문을 잘하는 것인가?'라고 자문하게 만든다. 우리가 보기엔 같은 질문이라도 질문을 어떻게 구성하느냐에 따라 인공지능은 조금씩 다른 답변을 준다. 어휘의 차이와 순서에 따라 인공지능이 받아들이는 값이 다르기 때문이다. 따라서 다양한 질문을 통해 인공지능과 대화를 반복해야 우리는 비로소 인공지능으로부터 원하는 답을 얻는다. 인공지능은 그야말로 "질문이 돈이 되는" 세상을 열어놓은 것이다.[31]

질문의 목적이 정보와 돈이라면, 현대 자본주의가 그런 것처럼 챗GPT에 던지는 질문은 효율적이어야 한다. 챗GPT와 함께 새롭게 떠오른 직업이 '프롬프트 엔지니어(prompt engineer)'다.[32] 연봉 수십만 달러의 인기 있는 미래의 직업으로 선전되는 프롬프트 엔지니어는 결코 인공지능의 물결이 만들어낸 과장이 아니다. 프롬프트 엔지니어는 챗GPT 또는 구글의 제미나이(Gemini) 같은 차세대 생성형 인공지능 애플리케이션으로 원하는 작업을 수행하는 전문가다. 간단히 말하면 프롬프트 엔지니어링은 구체적이고 고품질의 출력을 얻으려고 인공지능 시스템에 제공하는 프롬프트를 체계적으로 설계하고 개선하며 최적화하는 작업을 가리킨다.

인간처럼 말하는 대화형 인공지능이 보편화될수록 인공지능을 다루는 기술도 더욱더 중요해진다. 모든 사람이 인공지능을 스마트폰의 앱처럼 쉽게 사용할 수 있다면, 우리는 어떻게 다른 사람들보다 개성과 창의성을 발휘하면서 경쟁 우위를 확보할 수 있는가? 여기서 프롬프트 엔지니어링 기술이 필요하다. 생성형 인공지능에서 최상의 결과를 얻는 방법은 다른 컴퓨터 소프트웨어에 전문적으로 익숙해지는 것과 마찬가지로 배우고 연마해야 하는 기술이다. 프롬프트 엔지니어링은 매우 새로운 분야임에도 불구하고 이를 배울 수 있는 온라인 강좌가 이미 많이 열리고 있다.

챗GPT에게 무엇을 질문하든 답을 얻을 수 있지만, 질문과 응답은 마치 대화를 하듯 반복적인 과정을 통해 이뤄진다. 원하는 답을 얻으려면 질문을 잘해야 하는데, 이러한 과정은 내가 입력한 최적의 프롬프트에서 시작한다. 프롬프트 엔지니어는 인간의 판단력과 의사소통 기술을 사용해 인공지능이 생성한 답변에서 부족한 부분을 찾아내고 원하는 결과를 얻을 때까지 프롬프트를 다듬는다. 우리가 모호한 질문을 하면 모호한 대답을 얻고, 예리하고 구체적인 질문을 하면 비교적 원하는 결과를 얻는다. 이처럼 생성형 인공지능 애플리케이션에서 최상의 결과를 얻는 데 필요한 기술 중 상당수는 하드웨어 기술이 아니라 소프트웨어 기술로 간주되며, 그중에서 가장 중요한 것이 바로 '질문의 기술'이다.

우리는 인공지능 시대에도 여전히 소크라테스가 필요하다. 질문의 대가 소크라테스가 필요한 것은 인공지능이 질문에 따라 다른 대답을 내놓기 때문이다. 우리는 어떻게 질문을 통해 진실에 가까워질 수 있는가? 예컨대 우리가 인공지능 챗봇에게 "소크라테스는 누구인가?"라는 다소 포괄적인 질문을 입력했다면, 대답도 역시 질문처럼 포괄적일 것이다. 소크라테스가 철학자라는 사실을 이미 알고 있는 사람이라면 "소크라테스의 철학을 설명해주시오."라고 질문할 것이다. 챗GPT에게 물었더니 이렇게 대답한다. "소크라테스의 철학은 주로 그의 제자들, 특히 플라톤의 저작을 통해 알려져 있다. 소크라테스는 자신의 가르침에 대한 어떤 기록도 남기지 않았다. 그의 철학은 윤리, 인식론, 지혜 추구에 중점을 두었다. 소크라테스 철학의 주요 측면은 다음과 같다." 이렇게 시작한 뒤에 인공지능은 "소크라테스식 방법, 도덕철학, 아이러니와 겸손, 지식과 덕성, 엘렌쿠스 문답법과 대화, 양심의 목소리라는 신성한 신호, 정치철학"으로 분류해 소크라테스의 철학을 비교적 상세하게 서술한다. 질문이 구체적이어야 답변도 우리가 원하는 구체성을 띠는 것이다.

프롬프트 엔지니어링은 챗GPT에게 질문하는 가장 효율적인 방법을 탐구한다. 현재 우리가 활용할 수 있는 대화형 인공지능에 물어보라. 효과적인 질문 방법은 대체로 몇 가지로 압축된다.[33] 프롬프트를 통해 입력되는 질문은 명확해야 하고, 범위를 좁혀 구체적이어야 하며, 인공지능이 잘못 해석하지 않도록 콘텍스트(contexts)를 신중하게 제공해야 한다. 우리가 다른 사람과의 대화를 통해 답변을 얻는 대신 대화형 인공지능에 묻는 데는 분명 이유가 있다. 인공지능은 거대한 데이터베이스를 활용하기 때문에 언어 이해 및 상황 기반 응답에 탁월하다. 이러한 강점을 활용하는 질문을 던져야한다. 초기 응답이 완전히 만족스럽지 않다면, 후속 질문을 하거나좀 더 구체적인 질문을 던짐으로써 응답의 정확성을 높일 수 있다.거기서 더 나아가 인공지능 모델의 잠재적인 편향을 인식하고 이를 완화하는 질문을 하면, 생성된 답변이 최대한 객관적이고 편견이 없는지 확인하는 데 도움이 된다. 따라서 생성 인공지능을 사용할 때는 효과적으로 질문하는 것이 필수다.

그렇다면 우리는 인공지능 시대에도 여전히 인간이 중심이라고 말할 수 있다. 인공지능을 지혜롭게 활용하려면 인간이 질문을 잘 해야 한다. 어떤 질문도 척척 답하는 인공지능은 사실 우리에게 거꾸로 이렇게 질문하는 것처럼 보인다. 당신은 질문할 줄 아는가? 인간을 인간으로 만들어주는 심오한 질문을 제기할 줄 아는가? 이것은 우리가 챗GPT에 물을 수 있는 질문이 아니다. 그것은 오직 인공지능과 대화하는 인간이 자신에게 던질 수 있는 질문이다. 인공지능이 아무리 많은 지식을 가지고 우리의 질문에 답하더라도 그것은 결코 우리에게 지혜를 주지 않는다. 소크라테스가 다시 소환되는 것은 바로 이 지점이다. 소크라테스가 철학을 발전시켰을 당시 그리스 사회는 다재다능한 지식인으로 가득했다. 우리가 오늘날 '궤변론자'라고 낮춰 부르는 소피스트(sophists)는 스스로 지혜를 가졌다고 주장하는 당대 지식인이었다. 당시 사람들은 지식과 기술이 필요하면 돈을 내고 그들에게서 지혜를 구했다. 이런 상황에서 자신의 무지를 주장하며 기존의 믿음과 의견에 끊임없이 질문을 해대는 소크라테스가 등장한 것이다.

1장 인간과 인공지능의 파트너십

오늘날 모든 것을 아는 것처럼 보이는 대화형 인공지능은 마치 고대 그리스의 소피스트와 같다. 우리는 챗GPT와 대화를 한다고 착각하지만, 인공지능은 사실 우리의 질문에 대답을 쏟아낼 뿐이다. 우리는 대화형 인공지능에 대화자의 역할을 맡기고 일종의 페르소나를 부여한다. 우리가 교사, 과학자, 철학자, 코미디언인지에 따라 질문에 다른 방식으로 대답할 수 있는 것처럼, 우리는 프롬프트로 인공지능의 대답에 영향을 미치는 성격, 특성 및 신념을 정의할 수 있다. 인공지능에 적절한 정보를 줘야 적합한 정보를 얻는다. 철학적 질문에 대한 답을 얻고자 한다면, 우리는 인공지능을 철학자로 만들어야 한다. 우리가 원하는 것이 특정한 양식의 시라면, 우리는 인공지능을 시인으로 만들어야 한다. 인공지능은 이렇게 질문자의 상황에 맞춰 시인과 철학자가 되고, 분석가와 행정가가 되며, 개발자와 엔지니어가 된다. 그런 점에서 대화형 인공지능은 21세기의 소피스트임이 틀림없다.

소피스트는 지혜를 가진 것처럼 행동할 뿐 지혜를 주진 않는다. 대화형 인공지능은 우리와 대화를 하는 것처럼 행동할 뿐 우리와 진정한 대화를 나누지 않는다. 인공지능은 우리의 질문에 즉각적으로 대응하는 수다스러운 기계다. 문제는 이런 기계와 수다를 떨다 보면, 우리 인간이 정작 심오하고 진정한 질문을 던지는 법을 상실할 수 있다는 것이다. 이쯤 되면 우리는 프롬프트 엔지니어의 질문과 소크라테스의 질문에는 질적인 차이가 있음을 간파한다. 챗GPT에게 이렇게 물어봤다. "생성 인공지능에 던지는 질문과 소크라테스식 질문의 차이점은 무엇입니까?" 그러자 챗GPT는 눈 깜빡할 사이에 다음과 같은 대답을 쏟아냈다.

생성적 인공지능(AI)과 소크라테스식 질문에 제기되는 질문은 성격, 목적, 맥락이 다릅니다. 둘 사이의 주요 차이점은 다음과 같습니다.

1. 지식의 원천:
• 생성형 AI: AI가 생성한 응답은 노출된 훈련 데이터에 존재하는 패턴과 정보를 기반으로 합니다. 모델은 본질적인 지식이나 이해를 갖고 있지 않지만 통계적 연관성을 사용해 응답을 생성합니다.
• 소크라테스식 질문: 소크라테스식 질문은 인간의 대화와 비판적 사고에 사용되는 방법입니다. 이는 참가자의 기존 지식에 의존하며 비판적으로 생각하고 자신의 신념과 가정을 반영하도록 권장합니다.

2. 목적과 목표:
• 생성형 AI: 기본 목표는 훈련된 데이터를 기반으로 특정 질문에 대한 정보나 응답을 얻는 것입니다. 생성형 AI는 정보 검색 및 생성을 위한 도구입니다.

- 소크라테스식 질문: 목표는 종종 비판적 사고, 자기 성찰, 더 깊은 이해를 자극하는 것입니다. 소크라테스식 질문은 철학적 탐구와 토론을 촉진하는 데 사용됩니다.

3. 맥락과 이해:

- 생성형 AI: 훈련 데이터에 존재하는 패턴과 맥락을 기반으로 응답이 생성됩니다. 모델에는 진정한 이해가 부족하며 인간과 같은 방식으로 질문의 맥락이나 뉘앙스를 파악하지 못할 수도 있습니다.
- 소크라테스식 질문: 이 과정에는 아이디어, 가치 및 신념에 대한 더 깊은 탐구가 포함됩니다. 이는 근본적인 가정을 밝히고 개인이 자신의 사고 과정을 검토하도록 장려하는 것을 목표로 합니다.

4. 상호적 대화:

- 생성형 AI: 상호작용은 일반적으로 사용자가 질문하고 AI가 응답하는 방식입니다. AI는 진정한 대화에 참여할 수 있는 능력이 부족하며 동적 대화와는 별도로 응답이 생성됩니다.
- 소크라테스식 질문: 개인 간의 대화 맥락에서 자주 발생합니다. 소크라테스식 질문에는 아이디어의 상호 탐구로 이어지는 앞뒤 상호작용이 포함됩니다.

5. 비판적 사고와 정보 검색:

- 생성형 AI: 주로 학습된 패턴을 기반으로 정보를 제공하거나 텍

스트를 생성하는 데 중점을 둡니다. 소크라테스식 질문처럼 반드시 비판적 사고나 자기 성찰을 자극하지는 않을 수도 있습니다.

- 소크라테스식 질문: 비판적 사고를 강조하고 개인이 가정에 의문을 제기하고 자신의 신념을 분석하며 대화를 통해 더 깊은 이해에 도달하도록 장려합니다.

요약하면 생성 AI와 소크라테스식 질문 모두 질문을 포함하지만 목적, 기본 메커니즘 및 결과, 상호작용의 성격은 크게 다릅니다. 생성형 AI는 정보 검색과 텍스트 생성을 위한 도구인 반면, 소크라테스식 질문은 비판적 사고와 철학적 탐구를 자극하는 인간 중심의 방법입니다.

　인공지능의 답변은 정말 놀라울 정도로 체계적이고 명료하다. 챗GPT가 정말 이 문제를 진지하게 생각했는지는 모르겠지만, 우리는 적어도 이 문제를 깊이 있게 다룰 실마리를 얻는다. 나는 여기서 소크라테스의 문답법을 깊이 있게 다룰 생각은 없다. 나는 인공지능 시대에 왜 소크라테스적인 질문이 필요한가에만 관심이 있다. 프롬프트 엔지니어의 질문과 근본적으로 다른 소크라테스적 질문의 핵심은 '자기 성찰과 비판적 사고'다. 소크라테스는 오직 다양한 의견을 가진 다른 사람과의 진정한 대화를 통해서만 인간이 자기 성찰과 비판적 사고에 도달할 수 있다고 주장한다. 우리 인간과 생성형 인공지능 사이의 대화는 상호적이지 않고 일방적이다. 그러므로 인간과 인공지능의 대화는 그렇게 '보이기는' 하지만 실제로는 '진정한' 대화가 아니다. 물론 이러한 대화의 가상성이 현실을 능가할 정도로 현실적이라면, 세계를 이해하는 방식도 지금까지와는 다른 방식으로 전개될 것이다.

그렇다면 우리는 인공지능 시대에 어떻게 자기 성찰에 도달할 수 있는가? 여기서 우리는 인공지능과 소크라테스의 근본적 차이를 다시 한번 인식하게 된다. 인공지능은 지식을 자랑하지만, 소크라테스는 비판적 사고와 대화의 전제 조건으로 '무지'를 내세운다. "나는 아무것도 모른다는 사실만을 안다." 이 명제는 모든 진정한 대화의 출발점이다. 소크라테스의 말을 좀 더 들어보자. "이 사람보다는 내가 더 지혜롭다. 왜냐하면 우리 둘 다 아름답고 훌륭한 것을 전혀 알지 못하는 것 같은데, 이 사람은 어떤 것을 알지 못하면서도 안다고 생각하는 반면에 나는 내가 실제로 알지 못하니까 바로 그렇게 알지 못한다고 생각도 하기 때문이다. 나는 적어도 이 사람보다는 바로 이 점에서 조금은 더 지혜로운 것 같다."[34] 소크라테스의 지혜는 무지의 인정에서 나온다.

오늘날 우리는 인공지능을 통해 모든 것을 알고, 인공지능이 가진 프로메테우스적 힘으로 세계를 지배할 수 있다고 믿는다. 지난 5세기 동안 인류는 과학과 기술을 통해 자신의 능력을 증가시킬 수 있다고 믿었다. 이러한 과학혁명이 무지의 인정에서 시작했다는 것은 역설이다. 과학혁명은 우리가 인식할 수 없거나 설명할 수 없는 것은 내버려두고, 오직 우리의 이성으로 인식하고 설명할 수 있는 것에 집중하면서 출발했다. "과학혁명은 지식혁명이 아니었다. 무엇보다 무지의 혁명이었다. 과학혁명을 출범시킨 위대한 발견은 인류가 가장 중요한 질문들에 대한 해답을 모른다는 발견이었다."[35] 이러한 무지의 인정을 통해 인간은 이제 신으로 업그레이드할 수 있는 수단을 가지게 된 것이다.

호모사피엔스가 호모데우스가 될 수 있다는 오만이 무지의 인정 덕택이라는 것은 얼마나 놀라운 역설인가. 인공지능 혁명으로 탄생할 "호모데우스는 지금의 우리로서는 상상할 수도 없는 새로운 영역에 접근할 수 있을 것이고 결국 은하계의 주인이 될지도 모른다."[36] 인공지능이 '무지의 오만'을 보여준다면, 소크라테스의 지혜는 '겸손한 무지'를 의미한다. 현대의 무지가 우리 인간이 할 수 있는 것에만 집중하겠다는 의지의 표현이라면, 고대의 무지는 우리가 설령 할 수 있다고 하더라도 좋은 삶을 위해서는 통제해야 한다는 도덕적 겸손의 표현이다. 소크라테스의 문답법을 잘 보여주는 플라톤의 대화편 《메논》은 덕성에 관한 질문으로 시작한다. "소크라테스, 미덕은 가르쳐질 수 있는 것입니까? 아니면 가르쳐질 수는 없고, 수련될 수 있는 것입니까?"[37] 소크라테스는 이 질문에 대해 자신은 미덕이 무엇인지 모르고, 그걸 아는 어떤 사람도 만난 적이 없다고 대답한다. 소크라테스의 미덕이 삶을 지혜롭게 살 수 있는 실천적 능력이라면, 우리는 이렇게 질문할 수 있다. 인공지능의 무한한 능력이 정말 우리를 지혜롭게 만드는가?

인공지능이 우리의 삶 깊숙이 들어올수록 우리는 더욱더 궁극적 질문을 하게 된다. 우리는 어떻게 인간으로 살 수 있는가? 인간으로 존재한다는 것은 무엇을 의미하는가? 우리는 가공할 만한 능력을 가진 인공지능을 어떻게 지혜롭게 사용할 수 있는가? 인공지능은 이러한 질문에 대답하지 못한다. 그것은 지식의 문제가 아니라 지혜의 문제이기 때문이다. 우리는 이제 이 질문을 진지하게 생각해야 한다. 인공지능 시대에도 우리는 여전히 인간으로 살고 싶기 때문이다. 전통 형이상학의 시대에는 인간과 동물의 차이에 주목했다면, 이제 우리는 인간과 기계의 차이를 성찰해야 한다.

기계가 아무리 인간을 닮아가도 여전히 변하지 않는 인간의 본성은 무엇인가? 이 질문에 답하려면 우리는 칸트가 초월적 영역에 남겨놓았던 문제로 돌아가야 한다. 그것은 인간으로 살려면 생각해야만 하는 문제들이다. 신, 영혼, 자유의 문제를 다루려면 우리는 칸트의 도식에 따라 인간과 기계의 차이를 검토해야 한다. 생각한다는 것은 무엇인가? 우리는 무엇을 느끼는가? 자유의지는 우리에게 무엇을 의미하는가?

2장

사고하는 인공지능:
기계는 생각할 수 있는가?

생각이 계산으로 바뀌면 오해와 유혹은 사라지고 정답 아니면 오답이라는 이분법이 있을 뿐이다. 이렇게 되면 사회적인 것은 수학적인 것으로 축소되고 대안적인 사고는 차단된다. 알고리즘이 모든 것을 계산하면 사회는 비언어화된다. 그렇게 되면 우리는 윤리나 형이상학의 물음 앞에서 침묵할 것이기 때문이다. 인공지능이 우리의 행동을 대신할 때 우리 인간은 도덕적 관심으로부터 완전히 해방된다. 인간은 이제 데이터를 모으고 계산하는 데 정신이 팔린다.

Q1. 도대체 생각한다는 것은 무엇인가?

앨런 매시선 튜링(Alan Mathison Turing)은 기계가 과연 인간과 동등한 지능을 가질 수 있는가를 판별하는 논문을 매우 인상적인 문장으로 시작한다. "나는 '기계가 생각할 수 있을까?'라는 물음을 고찰할 것을 제안한다."[1] 기계는 생각할 수 있는가? 인공지능의 발전을 수반하는 이 간단한 질문은 여전히 간단하지 않다. 생각한다는 것은 무엇인가? '생각'과 '지능'을 정의하기란 쉽지 않기 때문에 튜링은 이 질문을 생각하는지 여부를 판별할 수 있는, 상대적으로 모호하지 않은 질문으로 대체한다. 이 질문은 두 참가자의 정확한 성별을 판별하려고 심문자가 다른 방에 있는 남자와 여자에게 질문하는 '모방 게임(imitation game)'이라는 형식으로 제기된다. 심문자가 잘못 식별하도록 참가자가 유도하더라도 심문자가 진실한 답을 하는 게 게임의 목표처럼 보인다.

여기서 반전이 일어난다. 튜링 테스트의 목적은 누가 진짜 인간인

2장 사고하는 인공지능: 기계는 생각할 수 있는가?

지를 판별하는 데 있지 않다. 만약 기계가 한쪽 참가자의 역할을 한다면, 심문자는 인간과 기계를 구별할 수 있을까? 튜링은 "기계가 할 수 있는 최선의 전략은 인간이 자연스럽게 내놓을 답을 제출하려고 노력하는 일"이라고 말한다. 심문자 인간이 인간과 기계를 구별하지 못하도록 유도하려면, 기계는 인간을 최대한 모방해야 한다. 이렇게 '기계가 생각할 수 있을까?'라는 물음은 '모방 게임을 잘해 낼 상상 가능한 디지털 컴퓨터가 존재하는가?'라는 물음으로 대체된다. 튜링은 이 질문에 실제로 답할 수 있다고 믿었다. 모방이 핵심이다. 남이 하는 말이나 행동을 그대로 옮기는 흉내 내기가 너무나 완벽해서 구별할 수 없다면, 과연 무슨 일이 벌어질까? 인간처럼 말하고 대화하는 인공지능이 등장한 지금, 우리는 튜링 테스트를 다시 설계해야 한다. 인공지능이 인간을 아무리 잘 모방해도 기계가 도저히 모방할 수 없는 것이 남아있다면 그것은 과연 무엇인가? 인공지능은 이렇게 인간만이 가진 본성에 관한 질문을 던진다.

모방 게임에 비춰보는 '생각에 대한 생각'

우리는 여기서 튜링이 "기계는 생각할 수 있는가?"라는 질문을 던지면서 정작 배제했던 물음을 떠올릴 필요가 있다. 생각한다는 것은 도대체 무엇인가? 이 질문은 너무 심오하고 어려워서 모방 게임으로 대체되었지만, 우리는 다시 이 질문으로 돌아가야 한다. 인공지능은 튜링 테스트가 무색해질 정도로 인간을 거의 완벽하게 모방하기 때문이다. 튜링은 테스트의 초점을 인간과 기계 사이의 자연어 대화에 맞췄다. 기계가 인간과 얼마나 비슷하게 대화할 수 있는가는 인공지능의 판별 기준이었다.

그렇다면 기계가 인간처럼 말한다고 지능을 가진 것인가? 튜링보다 먼저 이와 같은 질문을 던진 사람은 르네 데카르트(René Descartes)였다. 그는 1637년 출간한 《방법서설》에서 인간을 모방하는 기계를 상상하면서 인간과 기계를 구별할 수 있는 두 가지 수단을 제시한다. "우리의 신체를 닮고 또 사실상 가능한 한 우리의 행동을 흉내 내는 기계가 있다손 치더라도, 그렇다고 해서 그것들이 진정한 인간일 수 없음을 아는 아주 확실한 두 가지 수단을 우리는 언제나 가지고 있다."[2] 하나는 기계가 말을 할 수는 있어도 맥락에 맞게 의미 있는 말을 하지는 못한다는 점이다. 다른 하나는 기계가 보편적 이성을 가지고 있지 않기 때문에 특수한 영역에서 인간처럼 또는 인간보다 더 잘할 수는 있어도 모든 일을 잘하지는 못한다는 것이다.

데카르트가 제안한 두 가지 수단은 오늘날 인공지능 시대에 심각한 도전을 받고 있다. 기계가 특수한 영역에서 아무리 잘해도 인간처럼 보편적 능력은 없다는 지적은 일반인공지능이 발전하면 무의미해진다. 오늘날 인공지능은 인간을 물리적으로 모방할 뿐만 아니라 인간과 대화를 나눈다는 점에서 첫 번째 수단도 제한적이다. 대화형 인공지능은 우리의 말을 단지 흉내만 내는 앵무새가 아니다. 우리의 말을 이해하고, 우리의 의도에 맞게 대화하며, 우리가 미처 생각하지 못한 정보도 제공한다. 그렇다면 기계가 말은 하지만 의미 있는 말을 하지 못한다는 데카르트의 주장은 더는 쓸모가 없는 것인가? 이 물음과 관련해 데카르트는 인간과 기계를 구별할 수 있는 단서를 제공한다. "까치와 앵무새는 우리처럼 말할 수 있으나 우리처럼, 즉 그들이 말하는 것을 그들이 생각하고 있음을 나타내면서 말할 수는 없다."[3]

단지 말할 뿐만 아니라 자신이 말하고 있음을 인지하고 이를 표현하면서 말하는 것이 인간의 특성이라는 이야기다. 말은 생각을 전달하는 수단일 뿐만 아니라 화자 스스로 생각한다는 것을 드러내는 자기의식의 표현이다. 데카르트에 의하면 청각 장애인과 언어 장애인은 설령 말하지 못하더라도 생각을 하고, 생각을 표현할 수 있는 기호와 수단을 만들어낸다. 말하지 못하더라도 생각을 한다면 그는 인간이다. 그에게는 사유 능력이 있기에 말을 잘하는 기계보다 우월한 것이다. 우리는 다시 똑같은 질문으로 돌아온다. 생각한다는 것은 무엇인가?

튜링이 이 물음을 모방 게임으로 바꿔놓은 것처럼, 데카르트는 생각한다는 것을 두 가지 관점에서 접근한다. 하나는 스스로 자신을 이끌어간다는 자율성이고, 다른 하나는 의심을 통해 오류를 제거하는 방법론적 회의다. 자신의 이성을 사용한다는 것은 다른 사람들의 견해를 따르고 그들을 모방하는 것이 아니라 스스로 결정함을 의미한다. 그러나 스스로 생각하고 추론하는 과정에는 언제나 오류의 가능성이 있다. 따라서 우리는 조금이라도 의심스럽다고 생각되는 것을 제거하려고 우리의 생각을 스스로 검토해야 한다. 데카르트에게 생각은 결국 의심이다.

튜링 테스트를 통과한 인공지능은 철학의 핵심 문제를 건드린다. 인공지능이 인간과 대화하는 것처럼 보인다면 기계의 지능을 의심하기 어렵다. 계산이나 문서 작성 따위의 지적 작업을 하는 능력을 지능으로 간주한다면 인공지능이 인간보다 훨씬 탁월하다. 따라서 우리는 '기계는 생각할 수 있는가?'라는 질문을 '생각한다는 것은 무엇인가?'라는 질문으로 바꿔야 한다. 데카르트가 아무리 의심해도 그 자신이 의심한다는 사실만큼은 의심의 여지가 없다는 사실을 발견함으로써 근대의 주체 철학을 발전시켰다면, 우리는 '의심한다는 것은 무엇인가?'를 물어야 한다.

우리는 그동안 생각하는 주체에 지나치게 매달렸는지도 모른다. 인간은 인식할 수 없는 것을 배제하고 오직 이성으로 인식할 수 있는 것에 집중함으로써 오늘날 인공지능을 만들어낼 수 있었다. 이 과정에서 '생각'은 '인식'으로 축소되었다. 인간의 존재는 오로지 생각하는 주체의 관점에서 해석되었다. 우리는 인공지능을 18세기 이래 발전한 주체 철학의 틀 안에서 파악한다. 확고부동한 토대로서의 주체와 자율, 자유의지와 도덕성은 오늘날 인공지능에 의해 위협당하고 있다. 우리는 이제 데카르트가 확립한 '확고부동한 토대' 중에 무엇이 남아있는지 진지하게 검토해야 한다.[4] 인공지능이 우리의 삶을 어떻게 변화시키는지, 우리는 세계를 어떻게 이해하는지, 즉 지금 무슨 일이 일어나고 있는지를 알려면 새로운 철학이 필요하다. 우리는 18세기와 다른 방식으로 세계를 완전히 재개념화해야 한다. 인공지능 세계를 설명하는 데 적합한 철학이 없다는 점에서 우리는 "철학의 빈곤"[5]에 시달리고 있다.

새로운 철학은 인공지능 시대에 우리가 어떻게 인간으로 살 수 있는가를 성찰해야 한다. 전통 형이상학이 인간을 동물과 차별화하려고 이성을 강조했다면, 인공지능이 인간 지능을 능가하는 시대의 우리는 기계와 차별화하려고 거꾸로 인간의 동물적 조건을 강조할 필요가 있다. 우리가 존재한다는 것은 일차적으로 동물로서 살아간다는 것을 의미한다. 데카르트의 관점에서 보면 생각한다는 것이 우리가 존재한다는 사실에 대한 명백한 증거다. "여기서 나는 내가 하나의 실체요, 그 본질 내지 본성은 오직 생각하는 것이요, 또 존재하기 위해 아무 장소도 필요 없고, 어떠한 물질적인 것에도 의존하지 않는 것임을 알았다. 따라서 이 '나', 즉 나를 나 되게 하는 정신은 신체와 전혀 다른 것이요, 또 신체보다 인식하기가 더 쉬우며, 설사 신체가 없다 하더라도 어디까지나 온전히 스스로를 보존하는 것이다."[6] 사유하는 존재로서 인간이 오직 자기 자신을 인식할 때 비로소 진정한 인간이 된다는 것이다. 데카르트식 정신과 신체의 이원론을 잠시 배제하면, 인간을 인간답게 만드는 것은 바로 '자기 인식'이다. 그렇다면 인공지능 시대에 자기 인식은 어떻게 이뤄지는가?

Q2. 셀프 트래킹으로 자기 인식이 가능한가?

우리는 모두 자기 자신을 제일 잘 안다고 착각하지만, 종종 다른 사람이 나보다 나에 관해 더 많이 알고 있다는 사실을 경험하고 흠칫 놀라곤 한다. 물론 우리가 아직 어린아이였을 때는 엄마가 나보다 나에 관해 훨씬 많이 알았다. 우리가 울음으로 신호를 보내면, 엄마는 배고파서 우는지, 어디가 불편해서 우는지, 단지 함께 놀아달라고 우는지 귀신같이 알아냈다. 울음소리만 들어도 우리의 욕구와 욕망을 알아차리는 엄마는 우리에게 절대적인 존재였다. 적어도 우리가 성숙해질 때까지는 엄마가 나보다 나를 더 잘 안다.

칸트는 〈계몽이란 무엇인가에 대한 답변〉이라는 글에서 계몽을 이렇게 정의한다. "계몽이란 우리가 마땅히 스스로 책임져야 할 미성년 상태로부터 벗어나는 것이다. 미성년 상태란 다른 사람의 지도 없이는 자신의 지성을 사용할 수 없는 상태이다. 이 미성년 상태의 책임을 마땅히 스스로 져야 하는 것은, 이 미성년의 원인이 지성

2장 사고하는 인공지능: 기계는 생각할 수 있는가?

의 결핍에 있는 것이 아니라 다른 사람의 지도 없이도 지성을 사용할 수 있는 결단과 용기의 결핍에 있을 경우이다."[7] 우리가 성숙해지면, 우리는 자신의 지성을 스스로 사용해 우리의 삶과 세계를 이해하려 한다. 계몽의 목표는 궁극적으로 자기 인식이다.

그렇다면 우리는 어떻게 자신의 지성을 잘 사용할 수 있는가? 내가 스스로 생각한다지만 때로는 잘못 생각하고 있는지도 모른다. 데카르트는 "아주 느리게 걷는 사람들도 언제나 곧은 길을 따라가기만 하면 뛰어가되 곧은 길에서 떠나는 사람들보다 훨씬 더 전진할 수 있다."[8]라고 말하지만, 내가 곧은 길을 가고 있는지 아니면 정도에서 벗어나 곁길을 가고 있는지 어떻게 판단할 수 있는가? 칸트는 우리에게 자신의 이성을 믿고 사용할 용기를 가지라고 권하지만, 우리는 종종 그러지 못하는 자신을 발견한다. 우리는 성장하면서 우리 마음속에 엄마도 알지 못하는 것이 있음을 받아들이기 시작한다.

그러나 우리는 곧 엄마보다 우리를 잘 아는 추적자가 있다는 것을 깨닫는다. 인공지능은 우리에 관한 엄청난 데이터를 바탕으로 우리를 추적하고 분석한다. 우리가 스스로 생각하고 판단하는 것이 아니라 누군가가 우리 대신에 생각하고 판단한다면 우리는 영원히 미성숙 상태에 있는 것이다. 우리가 인간 지능의 고유한 특성이라고 할 수 있는 생각과 판단을 컴퓨터에 아웃소싱한다면, 인공지능은 우리에게 '따지지 말고 복종하라!'고 요구하는 새로운 후견인이 된다.

문제는 이러한 지성과 사고의 아웃소싱이 '자유'의 이름으로 이뤄진다는 점이다. 인공지능 시대의 '자기 인식(Self-knowledge)'은 '자기 추적(Self-tracking)'의 방식으로 이뤄진다. 칸트가 말하는 코페르니쿠스 혁명으로 우리의 관심이 신에서 인간으로, 그리고 세계에서 자기 자신으로 전환된 이후 우리는 자신을 알려고 다양한 방법을 개발했다. 문학에서는 일기와 전기가, 회화에서는 자화상이 발전한 것은 결코 우연이 아니다. 오늘날 디지털 사회에서 이런 일은 훨씬 더 쉬워졌다. 우리는 어떤 생각을 했는지, 어떤 느낌을 받았는지, 어디에서 무엇을 했는지를 자발적으로 SNS에 올린다. 식당에서는 음식을 즐기기 전에 사진부터 찍고, 여행지를 체험하기 전에 포토 존 명소를 찾는 게 일상이 되었다. 우리는 우리 자신을 기록한다. 우리는 자신을 기록할수록 우리 자신에 대해 미처 알지 못했던 많은 것을 알게 된다.

당신이 음식을 적게 먹는 소식주의자라고 굳게 믿는다고 상상해보라. 그런데 몸무게가 줄기는커녕 오히려 늘어간다. 오늘 무엇을 먹고 얼마나 움직였는지를 기록하면, 인공지능은 당신이 입력한 식단을 영양학적 분류에 따라 구분하고 당신이 칼로리를 얼마나 섭취했는지 분석해줄 것이다. 그에 따라 위가 쉴 틈이 없을 정도로 하루 내내 조금씩 계속해서 먹는, 일종의 섭식 장애라는 진단이 결과로 제출될 수 있다. 하루 동안 여러 번에 걸쳐 가벼운 식사를 하는 풀뜯기(grazing)나 하루 종일 간식을 먹는 것(snacking)은 많이 먹어서는 안 된다는 '거식증'과 전체적으로 너무 많이 먹어서 발생하는 '비만'이 모순적으로 결합한 식습관이다. 챗GPT는 이러한 식습관이 종종

'폭식 장애(Binge Eating Disorder, BED)'로 이어질 수 있다고 친절하게 안내한다. 인공지능이 내 식습관의 실체를 나보다 더 정확하게 파악하고 있는 것이다.

디지털 정보사회를 살아가는 현대인은 아무것도 숨길 게 없고 숨길 수도 없는 것 같다. 절대적인 투명성에 대한 요구는 철학적 주장에 기반한 것처럼 보인다. "감시가 자기 인식을 약속한다." 자기를 인식하는 것은 자기를 감시하는 것이다. 당신 자신을 측정할 수 있다면 당신은 당신의 삶을 개선할 방법을 배울 수 있다. 자기 추적에 따른 자기 인식은 자기 최적화로 이어진다. 만약 우리가 자발적으로 우리 자신을 감시하지 않는다면, 누군가 다른 사람이 우리를 감시할 수 있다. 자발적 감시는 감시가 아니라는 착각에서 우리는 우리 자신을 추적하고 기록함으로써 감시의 데이터를 산출한다.[9]

자기 인식은 어떻게 자기 추적으로 변화하는가

인류 문명을 이끌어온 자기 인식은 이제 자기 추적으로 변하고 있다. 그것은 궁극적으로 우리가 우리의 삶과 사회를 이해하는 방식을 바꿔놓는다. 유발 하라리는 인공지능이 우리 자신보다 숨겨진 정체성을 훨씬 더 잘 파악할 수 있다고 말한다. 그는 스물한 살 때 비로소 자신이 게이라는 사실을 깨달았다고 한다. 그는 자신의 성 정체성을 확신하지 못한 채 동성애적 경향을 부인하고 갈등하면서 10대를 보냈다. 만약 그가 자신의 성 정체성을 일찍 알았다면 어떻게 되었을까? 오늘날 인공지능은 매력적인 남성과 여성의 사진이나 동영상을 보여주고 안구 움직임과 혈압, 뇌 활동을 추적해 동성애자인지 이성애자인지를 정확하게 감지한다.[10]

몇 장의 얼굴 사진 분석만으로 성 정체성을 확인한다는 게 얼마나 놀라우면서도 끔찍한가? 알고리즘의 작동 방식은 비교적 간단하다. 10대의 어느 소년이 TV를 보거나 해변을 걷는다고 생각해보라. 눈앞에는 수영복을 입은 많은 남자와 여자가 온몸을 드러내고 일광욕하거나 공놀이를 하고 있다. 인공지능 알고리즘은 그의 눈이 어디를 향하는지 정확하게 포착하고 그렇게 얻어진 데이터를 분석해 성 정체성을 확인한다. 사람은 모두 자신에 대해 모르는 뭔가를 가지고 있다. 또는 알고 있더라도 숨기고 싶은 것이 있다. 인공지능은 우리가 아직 모르는 것과 숨기고 싶은 것을 정확하게 알아낸다. 그렇다면 우리는 자기 인식을 위해 인공지능에 더 많이 의존해야 하는가? 우리가 우리의 성 정체성을 일찍 알았다면 그것을 알아가는 과정에서 겪었던 갈등과 고통은 생략될 수 있었을까? 우리는 자신이 원하는 모습과 실제의 모습 사이의 갈등을 경험하지 않고서도 정체성을 찾을 수 있는가? 나의 정체성은 내가 스스로 만들어가는 것이 아니라 이미 결정되어 있어서 인공지능을 통해 확인만 하면 되는가? 나의 움직임을 추적하는 인공지능이 나에 대한 지혜의 원천이 될 수 있는가?[11]

자기 추적을 통해 얻은 지식은 결코 단순한 지식에 머물지 않는다. 지식은 언제든지 개인을 통제할 권력으로 작용한다. 인공지능 알고리즘이 우리의 취향과 기호, 정체성을 정확하게 알아낸다면, 우리는 그것을 마케팅 수단으로도 사용할 수 있다. 코카콜라가 인공지능을 사용해 고객 집단에 따라 특화된 광고를 하고, 펩시콜라는 알고리즘을 사용하지 않고 전통적인 광고를 한다면 어떤 결과가 나올까? 인공지능은 용의주도하게 당신을 모니터링하고 분석해서 비키니를 입은 여자보다 웃통을 벗은 사내가 주인공인 광고를 사용하는 게 낫다고 코카콜라 측에 알려줄 것이다. 이러한 정보에 얼마나 많은 가치가 있는지는 상품과 소비자에 따라 다를 것이다. 그런데 동성애 성향의 소비자가 슈퍼마켓에 가서 코카콜라를 산다면, 그는 자유 선택이라고 생각할지 모르지만 사실 인공지능에 의해 생각을 해킹당한 것일 수 있다.

인공지능이 인간을 닮으려 할수록 그것은 인간의 사고방식과 행동 방식을 해킹해야 한다. 유발 하라리가 거듭 경고하며 내세우는 이러한 주장이 아직도 과장이라 생각하는가? 인간을 해킹한다는 것은 신체, 두뇌, 정신의 차원에서 개개인의 내부에서 일어나는 일을 이해해 사람들이 무엇을 할 것인지 예측함을 의미한다. 인공지능은 우리가 어떻게 생각하고 느끼는지 인식할 수 있고, 이러한 인식을 바탕으로 미래의 행동을 예측하며, 이를 통해 우리를 조작하고 제어할 수 있다. 누군가는 해킹이라는 말이 과장이라고 생각할 수도 있다. 문제의 핵심은 우리가 우리 자신을 이해하는 것보다 다른 누군가가 우리를 더 잘 이해한다는 것이다.

그렇다면 인공지능은 어떻게 우리보다 우리를 더 잘 알게 된 것인가? 인공지능은 우리가 생산하는 데이터를 추적한다. 디지털 정보사회에서 우리는 언제 어디에서나 흔적을 남긴다. 인공지능은 탐정이나 프로파일러 또는 범죄과학 수사관처럼 이러한 흔적을 분석해 행위자를 특정한다. 인공지능은 이렇게 우리의 성격, 취향, 행동유형을 알아낸다. 우리가 다른 사람과 물리적으로 상호 작용할 때 표정과 몸짓이 우리에 대해 훨씬 더 많은 비의도적 정보를 전달하는 것처럼, 온라인에 있는 사람들도 데이터의 단순한 총계 그 이상이다. 데이터를 종합하고 비교하며 통계적 인식을 통해 행동 패턴을 발견하면, 인공지능은 비로소 데이터 속에 숨겨진 새로운 정보를 찾아낸다. "데이터가 데이터를 발견한다."[12]

'수량화된 자아'로 환원된 자기 인식

데이터는 이제 자기 인식의 수단이 되었다. 이제까지 자기를 이해하는 게 어려웠던 사람들도 자기를 쉽게 인식할 수 있게 되었다. 숫자를 통해 자기를 추적하기만 하면 된다.[13] 영혼의 이야기를 만들어냈던 고대에서 정신을 이야기하는 근대에 이르기까지 심오하고 신비하기까지 한 '자아'가 이제는 숫자로 해석되고 파악된다. 현대인은 '수량화된 자아(Quantified Self)'[14] 운동이 일어날 정도로 자기 자신을 숫자로 파악해 데이터를 생산하는 데 진심이다. 운동에 참여하는 사람들은 운동의 모토에 따라 "자기 추적을 통한 자기 지식"을 추구한다. 그들은 더 잘 자고 건강을 유지하며 더 생산적인 아침을 보내는 방법을 알고 싶어 하기 때문에 밤에 몇 번이나 뒤척였는지, 하루에 몇 걸음을 걸었는지, 일주일에 몇 개의 이메일에 응답했는 지를 센다. 숫자로 파악할 수 있는 것은 정확하게 측정하고, 숫자로 파악할 수 없는 것은 수량화할 수 있게 만든다.

수량화된 자아 운동의 모임이 '보여주고 말하라(Show & Tell)'라고 불리는 것은 매우 시사적이다. 이 비공식 모임에서 참가자들은 세 가지 질문을 서로에게 던진다. "무엇을 했습니까?" "어떻게 그걸 했 습니까?" "무엇을 배웠습니까?" 자신에 관해 많이 보여주고 이야기 할수록 우리 자신을 더욱더 잘 알 수 있다는 것이다. 이렇게 생산된 데이터는 우리의 삶에 구조와 의미, 목적을 부여한다. 어쩌면 심리 학자들이 '체계적 인지 스타일'이라고 부르는 사고 유형이 우리의 본성인지도 모른다. 체계적 인지 스타일이란 패턴을 찾고 규칙을 활용하는 사고와 행동의 성향을 가리킨다. 자기 추적의 효용성과는 상관없이 패턴을 탐구하는 인간의 본성이 인공지능을 통해 강화되 는지도 모른다.

우리가 자아를 수량화해 패턴을 찾아낸다고 하더라도, 우리의 내 면에는 수량화될 수 없는 것이 존재한다. 자기 추적을 통한 자기 인 식이 계량화될 수 있는 측면에 집중한다면, 자기 자신을 이해하려 는 철학적 탐구는 인식할 수 없는 어두운 면을 고려한다. 자기에 관 한 계량화될 수 있는 정보를 많이 가지고 있다고 해서 반드시 자 기 자신을 잘 이해하는 것은 아니다. 자기 인식과 자기 이해는 별 개의 것이다. 그런데 인공지능 시대에 자기 추적은 그리스 델포이에 있는 아폴론 신전의 "너 자신을 알라!"라는 신탁의 전통을 따르는 것처럼 제시된다. 신탁에서 말하는 자기 인식은 본래 자신의 불완전성에 의한 통찰을 의미했지, 결코 '숫자로 살아가기(Living by numbers)'[15]를 의미하지 않았다.

소크라테스의 격언 "너 자신을 알라!"는 그의 철학의 기본 원리이며 종종 그의 지적 여정의 지도 원리로 평가된다. 신전의 현관 기둥에 새겨진 문구에서 비롯한 이 격언은 철학의 궁극적 목표로서 자기 인식의 중요성을 강조한다. 소크라테스는 플라톤의 대화편 《파이드로스》에서 신화적 이야기의 진실에 관해 묻는 파이드로스에게 자신은 자신을 아는 일에도 힘이 들어 신화적 이야기를 탐구할 여가가 없다고 대답한다. 이처럼 우리는 자신이 잘 알지 못한다는 사실을 인정할 때 비로소 자기를 인식할 수 있다. 여기서 소크라테스는 자기 인식이 궁극적으로는 자기 한계를 아는 것이라는 고대 그리스의 전통을 따른다. 자기 인식의 어려움은 현대 철학에서도 확인할 수 있다. 니체는 《도덕의 계보》 서문에서 "우리는 자기 자신을 잘 알지 못한다."라고 단언한다. 우리가 아무리 자기 자신을 인식하려 애써도 우리는 자신을 완전히 이해하지 못한다는 것이다. "우리는 필연적으로 우리 자신에게 이방인이다. 우리는 우리 자신을 이해하지 못한다. 우리는 우리 자신을 혼동하지 않을 수 없다. '모든 사람은 자기 자신에 대해 가장 먼 존재이다.'라는 명제는 우리에게 영원히 의미를 지닌다."[16] 고대부터 현대에 이르기까지 철학은 무지를 이해의 전제 조건으로 삼았다. 그런데 현대는 이해의 개념을 우리가 인식할 수 있는 것으로 축소한다.

소크라테스의 격언을 이해하려면 자기 인식과 자기 이해를 구별하는 것이 필수다. 이 두 가지 개념은 자신을 아는 것의 다양한 측면을 포착한다. 자기 인식은 우리가 무엇을 생각하고 느끼며 어떻게 행동하는가를 인식하는 것에 초점을 맞춘다. 그러나 자기 이해는 단순한 인식을 뛰어넘는다. 그것은 가치관, 동기, 행동 이면의 이유 등 자신의 더 깊은 측면을 파악하려고 한다. 자기 인식이 겉으로 표출된 '결과'에 집중한다면, 자기 이해는 겉으로 잘 드러나지 않는 '동기'에 집중한다. 소크라테스는 자신의 선택과 신념을 지배하는 기본 원칙을 이해하려고 노력하면서 자신에 대한 보다 심오한 성찰과 탐구를 장려한다. 소크라테스는 자신에 대해 지식을 많이 갖는 것만으로는 자신을 이해하기에 충분치 않다고 주장한다. 진정으로 자기 자신을 이해하려면 보다 성찰적인 접근 방식이 필요하다.

소크라테스는 다른 사람들과 대화하려고 종종 '소크라테스식 문답법'이라고 불리는 질문 방법을 사용했다. 이러한 대화를 통해 그는 근본적인 신념을 밝히고 가정에 도전하며 개인이 자신의 신념에 대해 깊이 생각하도록 격려하는 것을 목표로 삼았다. 이 과정은 단순히 정보를 축적하는 것이 아니라 자신의 신념 뒤에 있는 추론과 동기를 이해하는 데 목적이 있다. 간단히 말해, 소크라테스의 격언은 진정으로 자기 자신을 이해하려면 자신의 가치와 신념에 대한 지속적인 질문·성찰·검토 과정이 필요하다는 점을 시사한다. 여기에는 표면 수준의 피상적 인식을 넘어 자신의 행동과 선택을 안내하는 기본 원칙을 파악하는 것이 포함된다. 유튜브를 통해 다양한 요리 영상을 본다고 해서 요리를 잘하는 건 아니다. 우쿨렐레를 연주하고 싶다면 우쿨렐레 영상을 수없이 보는 것보다 연주할 줄 아는 친구들과 어울리는 것이 더 좋다. 오늘날 우리는 이럴 수 있는 여가가 없는 것처럼 보인다. 경쟁으로 인해 계속 쫓기는 삶을 사는 현대인은 소크라테스적 자기 이해보다 끊임없는 자기 인식을 추구하는 것처럼 보인다. 그러나 수량화된 자기 인식은 우리에게 어떻게 살아야 좋은지에 관한 지혜를 결코 제공하지 못한다. 이것이 바로 인공지능 시대가 유발한 철학적 위기다.

Q3. 계산은 사고를 대신할 수 있는가?

우리가 직면하고 있는 인공지능 시대는 숫자가 지배하는 시대다. 오늘날 우리는 모든 것을 숫자로 이해한다. 우리는 어느 정도로 잘 살고 있는가? IMF에서 2023년에 발표한 명목 GDP 순위를 보면 미국은 26.9조 달러로 부동의 1위를 유지하고 있고, 그다음에는 19.4조 달러의 중국이 2위, 그리고 일본이 4.4조 달러로 4.3조 달러의 독일과 앞서거니 뒤서거니 하며 3위로 올라섰다. 한국은 1.7조 달러의 경제 규모로 세계 12위를 차지했다.[17] 식민 지배를 경험한 우리나라가 짧은 시간에 선진국이 되었다는 사실은 수치로 증명된다. 전후 거의 반세기 동안 세계 2위의 경제 대국이었던 일본이 2010년 중국에 추월당하고, 2023년에는 독일과 3위 자리를 놓고 경쟁한다는 사실을 지적하면서 미래의 경제 전망과 지정학적 질서의 변화를 예측하게 하는 것도 수치다.

물론 사람들은 물질적 풍요가 행복을 보장하지 않는다는 것을 잘 안다. 그렇다면 인간의 행복도 측정할 수 있을까? 유엔 산하 자문 기구인 지속가능발전 해법 네트워크(Sustainable Development Solutions Network)는 국가별 행복 지수를 비교하는 〈세계 행복 보고서〉를 발표한다. 행복 지수는 10부터 0까지의 척도로 삶의 만족도를 나타내는 설문 조사를 통해 산출한다. 오늘날 우리는 이제까지 계산할 수 없었던 많은 것을 계산하려 한다. 지혜는 과연 측정할 수 있을까? 어떤 사람이 과연 지혜가 있는지를 지능지수를 측정하는 것처럼 할 수 있을까? 이른바 '지혜 과학자들'은 무엇보다도 지혜와 그 구성 요소를 정의해 측정할 수 있도록 노력해야 할 것이다. 그렇다면 과연 지혜 과학자들이 사용하는 척도는 실제로 철학자들이 실천적 지혜를 논의할 때 염두에 두는 것을 측정하는가?[18] 이 물음에 대한 대답과 관계없이 중요한 것은 현대 과학이 모든 것을 수량화해서 측정하려 한다는 점이다.

오늘날 우리는 인터넷 공간에 우리 자신에 관한 데이터를 제공한다. 자기 추적의 의도가 없더라도 우리는 사이버 공간에 수많은 디지털 흔적을 남긴다. 우리는 물론 일종의 교환 행위로 데이터를 제공한다. 우리는 데이터를 제공하는 대가로 친구나 가족과 자유롭게 연결하고, 자신의 삶을 다른 사람들과 공유할 수 있는 알고리즘에 액세스할 수 있다. 우리는 이러한 교환 행위의 장기적 영향을 알지 못한다. 인공지능이 우리의 데이터로 무엇을 할 수 있는지, 영리한 알고리즘에 입력되면 얼마나 가치 있는 게 나올지는 명확하지 않다.

아델베르트 폰 샤미소(Adelbert von Chamisso)의 《그림자를 판 사나이》[19]의 주인공 슐레밀처럼 우리는 그림자 없이 살아갈 수 있다고 믿는 것일까? 슐레밀은 악마에게 그림자를 판 대가로 금화가 고갈되지 않는 마법의 주머니를 얻어 호화스러운 생활을 영위하려 하지만, 이내 그림자 없이는 사회 구성원으로 인정받지 못하고 사람들에게 혐오의 대상이 된다는 사실을 깨닫는다. 그림자가 없는 사람은 정체성도 없다. 21세기 정보사회에서 우리는 디지털 그림자를 만들어낸다. "나는 포스팅을 한다, 그러므로 나는 존재한다."[20] 데이터 흔적을 생성하지 않는 사람은 존재하지 않는다. 신용카드 사용 정보를 남기지 않고 카드를 사용할 수는 없으며, 교통사고 기록을 조회하지 않는 자동차보험은 없다. 오늘날 우리는 언제 어디에서든 데이터를 생산하며, 이 데이터는 수학적으로 측정되고 평가된다.

알고리즘이라는 블랙박스

데이터가 수량화되면 무슨 일이 벌어질까? '수리 능력(numeracy)'은 사실 인간 지성의 주요 능력으로서 인류 문명의 발전에서 중요한 역할을 담당한다. 수리 능력은 수학이 현실 세계에서 어떻게 사용되는지 이해하고 이를 적용해 최선의 결정을 내리는 능력을 가리킨다. 세계를 수학적으로 읽어낼 수 있다는 믿음이 수리주의의 핵심이다. 21세기 디지털 정보사회는 숫자를 기반으로 구성된다. 세계에 관한 아날로그 정보를 숫자로 전환하는 디지털화(Digitization)의 기원은 1679년 고트프리트 빌헬름 폰 라이프니츠(Gottfried Wilhelm von

Leibniz)가 이진법 연산을 발명했던 때로 거슬러 올라간다.[21] 세계를 0과 1 두 종류의 숫자로 해석하고 표현할 수 있다는 게 얼마나 놀라운 일인가? 라이프니츠에게 생각은 계산을 의미한다. 라이프니츠는 사람들 사이에 논쟁이 있을 때 손에 펜을 들고 서로에게 이렇게 말하는 것으로 충분하다고 주장한다. "계산해봅시다(Calculemus)!"[22] 계산해보면 누가 세계를 더 정확하게 이해했는지, 누가 옳은지 판명난다는 것이다.

그런데 이제 우리에게는 논쟁을 해결하려고 손에 펜을 드는 수학자들이 필요하지 않다. 인공지능이 대신 계산해주기 때문이다. 이렇게 수량화는 우리 인간이 무언가를 결정하지 않아도 결정의 결과를 누릴 수 있게 해준다. 과거에는 무엇이 왜 옳은지를 논증하는 전문가가 있었다면, 이제는 텍스트를 숫자로 전환해주는 인공지능의 알고리즘이 있다. 인공지능이 가져온 지성 혁명은 세계 이해의 패러다임이 말에서 숫자로 전환되었음을 의미한다. 사회에 대한 수학적·통계학적 관점은 이렇게 숫자가 지배하는 사회 모델을 확립한다. 다양한 민중이 지배하는 통치 체제를 민주주의라고 한다면, 숫자가 지배하는 인공지능 사회의 통치 체제는 '수리주의(numerocracy)'[23]라고 말할 수 있을 것이다.

21세기 인공지능 시대를 살아가는 현대인은 모두 데이터교 교도다.[24] 그들은 숫자를 무한 신뢰한다. 이 현대적 종교에 따르면 우주는 데이터의 흐름으로 이뤄져 있고, 어떤 사물이나 현상의 가치는 데이터 처리에 대한 기여도에 따라 결정된다. 이들은 역사적으로 형성된

2장 사고하는 인공지능: 기계는 생각할 수 있는가?

지식과 지혜보다 데이터와 알고리즘을 더 신뢰한다. 숫자가 지배하는 사회에서 세계를 이해할 수 있는 유일한 방법은 라이프니츠의 관점에서 봤을 때 '보편 수학(mathesis universalis)'이다. 이 방법에 따라 계산할 수 있는 것은 정확하게 계산하고, 계산할 수 없는 것은 계산할 수 있게 만들어야 한다. 독일의 현대 소설가 다니엘 켈만(Daniel Kehlmann)은 자신의 소설 《세계를 재다》[25]에서 무엇이든 제 눈으로 확인하려는 탐험가 알렉산더 폰 훔볼트와 머릿속에 수학 공식을 만들어 세계를 측정하려고 했던 천재 수학자 카를 프리드리히 가우스의 세계관을 인상적으로 묘사했다. 이처럼 세계 측정은 18세기 이래 수리주의의 목표가 되었다. '세다', '재다', '측정하다', '계산하다', '발굴하다', '발견하다' 등의 표현은 과학혁명 이후의 지배적인 세계 이해 방식이다. 왜냐하면 숫자 속에 이성이 있기 때문이다.

인공지능이 인간의 이해 방식에 어떤 영향을 미치는지 알려면 우선 알고리즘의 작동 방식을 이해해야 한다. 현대의 모든 발명품 뒤에는 알고리즘이 있다. 알고리즘은 소셜 미디어부터 검색엔진, 위성 내비게이션, 음악 추천 시스템까지 우리의 생활에 필요한 거의 모든 것을 제공한다. 알고리즘은 교량, 건물, 공장과 마찬가지로 현대 디지털 사회의 기반 시설이다. 알고리즘은 자동차에도, 병원과 법정에도 있다. 영상의학과의 영상 자료를 판독하는 것도, 판례를 분석하는 것도 알고리즘이다. 알고리즘은 범죄를 수사하거나 예방할 때도, 슈퍼마켓에서 물건을 사고팔 때도, 영화 스튜디오에서도 사용된다. 알고리즘은 우리가 좋아하는 것과 싫어하는 것을 학습해 우리에게 무엇을 보고 읽으며 누구와 데이트할지를 알려준다. 문제는 그러는 동안에 "알고리즘이 인간으로 존재하는 게 무엇을 의미하는지에 대한 규칙을 천천히 그리고 미묘하게 바꾸는 숨겨진 힘을 가진다."[26]라는 점이다.

그렇다면 알고리즘은 어떻게 이러한 권력을 갖게 된 것인가? 이 물음에 답하기 전에 잠시 멈춰서 알고리즘이 도대체 무엇을 의미하는지 질문해볼 필요가 있다. 데이터나 인공지능처럼 가장 빈번하게 사용됨에도 그게 무엇인지 설명하려니 정작 구체적인 의미를 알지 못하는 용어가 알고리즘이다. 알고리즘에 관한 사전적 설명은 다음과 같다. "수학 문제를 풀거나 컴퓨터 프로세스를 완성하기 위해 따라야 하는 단계의 집합."(미리엄 웹스터 사전) 다른 사전 역시 이 용어를 수학과 연결해서 설명한다. "특히 컴퓨터가 계산이나 기타 문제 해결 작업을 수행할 때 따라야 하는 프로세스 또는 규칙의 집합."(옥스포드 영어 사전) 알고리즘은 방정식, 산술, 대수학, 미적분학, 논리 및 확률을 사용해 일련의 연산을 수행하고 이를 컴퓨터 코드로 변환한다. 이것은 목표가 정해지면 현실 세계로부터 데이터를 받아 목표를 달성하려고 계산 작업을 한다.

이러한 알고리즘의 연산 작업으로부터 챗GPT와 같이 대화를 생성하는 인공지능의 기적적인 성과가 나온다는 것은 실로 놀라운 일이다. 알고리즘이 실제 문제를 해결하는 절차는 대체로 다음의 네 가지 범주로 구성된다.[27] 1) 우선순위 설정(prioritization). 구글 검색은 한 결과의 순위를 다른 결과보다 높게 평가해 우리가 원하는 페

2장 사고하는 인공지능: 기계는 생각할 수 있는가?

이지를 예측한다. 넷플릭스가 우리에게 다음에 보고 싶은 영화를 추천하는 것도 같은 방식이다. 2) 분류(classification). 카테고리를 선택해 데이터를 분류한다. 3) 연관(association). 연관은 사물 간의 관계를 찾고 표시하는 것이다. 아마존은 우리의 관심을 과거 고객의 관심과 연결해 도서를 추천한다. 4) 필터링(filtering). 알고리즘은 중요한 것에 집중하고 신호와 잡음을 분리하려고 일부 정보를 제거해야 한다. 예컨대 시리와 알렉사 같은 인공지능 비서는 우리가 원하는 작업을 하려면 우선 배경 소음에서 우리의 목소리를 걸러내야 한다.

그렇다면 알고리즘은 어떻게 이러한 일을 수행하는 것인가? 알고리즘의 작동 방식은 대체로 두 가지 핵심 패러다임으로 구분된다. 하나는 '규칙 기반 알고리즘(Rule-based algorithms)'이고, 다른 하나는 '기계 학습 알고리즘(Machine-learning algorithms)'이다. 규칙 기반 알고리즘의 지침은 인간이 구성하며 직접적이고 명확하다. 케이크의 레시피를 따르는 것처럼 단계별로 수행해야 할 일의 지침이 우리 인간에 의해 미리 정해진다. 한편 생명체가 학습하는 방식에서 영감을 얻은 기계 학습 알고리즘은 데이터와 목표 그리고 피드백을 제공해 기계가 스스로 최종 목표에 도달하는 최선의 방법을 찾는 프로세스다. 이러한 기계 학습 알고리즘을 사용해 과제를 수행하는 것이 바로 인공지능이다. 간단히 정의하면, 기계 학습 알고리즘은 인공지능 시스템이 작업을 수행하는 데 사용하는 일련의 규칙 또는 프로세스다.

규칙 기반 알고리즘의 규칙은 인간이 작성한다. 따라서 이 알고리즘은 쉽게 이해될 수 있으며, 이론적으로는 누구나 이 알고리즘의 논리를 따를 수 있다. 규칙 기반 알고리즘은 인간이 지침을 주는 문제만을 해결할 수 있다는 한계를 가지고 있다. 이에 반해 기계 학습 알고리즘은 일련의 지침으로 해결할 수 없는 문제를 해결하는 데 탁월하다. 기계 학습 알고리즘은 그림 속의 이미지를 구별하고, 우리가 말하는 단어와 문장을 이해하며, 한 언어를 다른 언어로 번역한다. 물론 "기계 학습 알고리즘의 단점은 기계가 해결책을 스스로 찾아내게 하면 거기에 도달하는 데 걸리는 경로가 인간 관찰자에게 그다지 이해되지 않는 경우가 많다는 것이다. 살아있는 프로그래머 중 가장 똑똑한 사람에게도 내부는 미스터리일 수 있다."[28] 우리는 기계 학습 알고리즘이 어떻게 그런 해결책에 도달했는지 알 수 없다는 것이다.

우리는 우리가 이해할 수 있는 것만을 해결해야 한다고 고집할 것인가, 아니면 설령 그 방법을 이해할 수 없더라도 인공지능이 제시하는 해결책을 따라야 하는가? 우리는 우리가 이해하지 못하는 것을 통제할 수 있는가? 지각이 있는 초지능 기계의 능력이 그것을 만든 인간의 능력을 초월한다면 어떨까? 인공지능이 우리가 이해할 수 없는 방식으로 작동한다면, 우리는 어떻게 인공지능을 통제할 수 있는가? 기계 학습 알고리즘을 사용하는 인공지능이 발달할수록 이러한 질문도 필연적으로 제기된다. 물론 자신의 창조자를 통제하고 지배하는 사악한 인공지능에 대한 우려가 화성의 인구 과잉을 걱정하는 것처럼 터무니없어 보일 수 있다. 그렇지만 기계 학습 알고리즘이 해결책을 찾아내는 방식이 우리 인간에게 낯설거나 쉽게 이해되지 않는다는 점만은 분명하다.

그럴수록 우리는 인공지능이 불러일으킬 재앙을 두려워하기보다, 기계 학습 알고리즘이 우리의 세계 이해 방식과 사고방식에 미칠 영향에 주목하는 편이 나을 것이다. 기계 학습 알고리즘을 사용하는 챗GPT는 어떻게 사람의 감독 없이 대량의 텍스트를 자동으로 학습할 수 있으며, 그 짧은 시간에 과제를 수행해 인간과 대화를 나눌 수 있는가? 이 질문에 대해 가장 많이 나오는 개념은 두말할 나위 없이 '패턴'이다. 기계 학습 알고리즘은 엄청난 데이터에서 패턴을 발견하거나 주어진 입력 변수 세트에서 출력값을 예측하는 데 사용된다.

예컨대 인공지능이 소크라테스에 관한 엄청난 양의 정보를 학습했다고 가정하자. 소크라테스에 관해 간단한 에세이를 쓰는데 이런 문장으로 시작한다고 생각해보자. "소크라테스가 제일 잘하는 것은 ~이다." 소크라테스가 고대 그리스의 철학자라는 사실을 익히 알고 있는 사람은 "소크라테스가 제일 잘하는 것" 뒤에 나올 문장을 철학적 맥락에서 이어갈 것이다. 인공지능은 인간이 작성한 소크라테스에 관한 엄청난 양의 텍스트를 입력한 후에 이 문장과 관련된 모든 사례를 찾은 다음, 어떤 단어가 이어지는지 확인한다. 인공지능은 우리 인간처럼 의미 있는 문장을 작성하려고 하지는 않지만, 어떤 의미에서 "의미가 일치하는" 것을 찾음으로써 이와 같은 작업을 효과적으로 수행한다.

소크라테스가 제일 잘하는 것은	질문하는 것이다	8퍼센트
	성찰하는 것이다	5퍼센트
	설득하는 것이다	4퍼센트
	싸우는 것이다	3퍼센트
	춤추는 것이다	1퍼센트

〈표 1〉 기계 학습 알고리즘에 따른 단어의 순위 목록

인공지능은 확률적으로 뒤따를 수 있는 단어의 순위 목록을 생성한다. 인공지능의 목적은 문장 자체가 아니다. 인공지능은 다음에 나올 단어를 확률적으로 예측해 인간이 쓴 문장과 의미가 일치하는 것 같이 보이는 것을 목적으로 삼는다. 입력된 데이터가 많으면, 인공지능은 사람들이 통상 쓸 법한 내용을 예측한다는 점에서 합리적이고 지성적이다. 인공지능은 이 과제를 수행하려고 몇 가지 단계를 거친다. 우선 '소크라테스'라는 이름이 나오는 방대한 데이터 세트를 학습한다. 알고리즘은 소크라테스라는 이름이 '생각하다', '질문하다' 또는 '설득하다' 같은 특정 단어와 연관되는 패턴을 발견한다. 그리고 알고리즘은 한 단어가 다른 단어 뒤에 올 가능성을 기반으로 확률 모델을 구축한다. 끝으로 '소크라테스'와 같은 프롬프트가 주어지면 모델은 학습된 연관성을 기반으로 다음 단어를 예측한다. '소크라테스'의 사례는 모델이 의미론적 맥락과 특정 단어가 다른 단어 뒤에 올 가능성을 어떻게 포착하는지 보여준다.

인공지능이 방대한 데이터를 짧은 시간에 처리할 수 있는 것은 패턴을 발견하고, 이 패턴을 기반으로 구축한 모델로 분석하고 예측하기 때문이다. 인공지능의 장점이 단지 처리 속도에만 있다면 별로 문제가 되지 않는다. 인공지능은 근본적으로 세계를 바라보는 우리의 시각을 바꾸고, 세계를 이해하는 우리의 방식을 변화시킨다. 패턴을 분석해 미래를 예측하려는 시도는 인류 문명의 근본 동인이 아니었던가? 이 점에서 인공지능은 어떻게 인간 지능과 구별되는가? 세계를 이해하는 방식이 바뀌면 철학의 패러다임도 바뀐다.

인공지능은 우리를 질문으로부터 해방시키는가

루트비히 비트겐슈타인(Ludwig Wittgenstein)은 종종 이러한 패러다임 전환의 예로 소환된다. 사물의 본질을 전제한 전통 형이상학과 결별한 비트겐슈타인은 오직 현상의 '가족유사성(Familienähnlichkeit)'을 발견함으로써 세계를 이해할 수 있다고 주장한다. 비트겐슈타인이 《철학적 탐구》에서 발전시킨 가족유사성이라는 언어철학적 개념은 다양하고 복잡한 세계를 이해할 수 있는 도구로 제시된다.[29] 비트겐슈타인은 "몸집, 용모, 눈 색깔, 걸음걸이, 기질 등등 한 가족의 구성원들 사이에 존재하는 다양한 유사성이 겹치고 교차하는" 현상을 가족유사성이라고 부른다.[30] 가족을 먼저 규정하고 구체적으로 묘사해야 가족 구성원을 알 수 있는 것이 아니다. 거꾸로 다양한 유사성이 가족을 구성한다. 이러한 인식은 바로 인공지능의 원리로 이어진다. 우리는 유사성이 서로 중복되고 교차하는 복잡한 연결망을 통해 패턴을 인식하고 이를 통해 세계를 이해한다. 사물 간의 경계가 흐릿하고 불명확하더라도 유사성을 발견하면, 우리는 세계를 인식할 수 있다.

비트겐슈타인의 가족유사성 개념은 사실 다양한 세계를 이해하려고 제안되었다. 이 세계에는 분명하게 인식할 수 없는 것이 너무나 많다. 비트겐슈타인은 "얼마나 많은 종류의 문장이 존재하는가?"라는 질문에서 출발해 다양성을 이해하려면 언어 행위를 '언어 놀이'로 파악할 필요가 있다고 주장한다. 우리는 놀이를 해야 비로소 놀이에서 사용되는 낱말의 의미를 이해한다. "한 낱말의 의미는 언어에서 그것의 사용이다."[31] 어린아이는 배우지 않았는데도 손쉽게 언어 놀이를 한다. 문법적 규칙과 단어의 뜻을 알아야 비로소 문장을 완성하고 말하는 것은 아니다. 그렇다면 어떤 질문에도 척척 대답하는 인공지능은 언어 놀이를 하는 것인가? 인공지능이 방대한 데이터 세트로부터 유형과 패턴을 인식한 후 이미 아는 것과 유사한 점을 식별함으로써 과제를 처리하는 것도 일종의 놀이라고 할 수 있는가? 이미 특정 영역에서 인간을 능가하는 인공지능이 놀이까지 할 수 있다면, 그것은 분명한 일반인공지능이 출현했음을 의미한다.

이 질문을 잠시 괄호 안에 묶어둔다면, 인공지능이 세계를 이해하는 방식은 가족유사성이 아니라 비트겐슈타인이 《논리-철학 논고》에서 발전시킨 'if-then'의 이진법적 논리다. 기본 구성 요소는 "A이면 B이다."라는 조건문이다. 이는 A가 참인 경우에만 B가 실행되는 의사 결정 프로세스를 나타낸다. 예컨대 "비가 오면 우산을 가져가세요."에서 조건이 참일 경우에만 다음 행위가 실행된다. 두 개의 조건이 주어졌을 때 조건에 따라 결과가 달라지는 경우도 있다. 조건문 "A이면 C이고, B이면 not C이다."가 그렇다. 예컨대 신호등이 빨간색이면 멈추고 녹색이면 간다. 여기에서 의사 결정 과정은 두 단계로 구성된다. 먼저 신호등의 색상을 확인하고, 그다음 이뤄져야할 행위를 결정한다. 'if-then' 문장이 다른 'if-then' 문장 안에 중첩될 수도 있다. 예컨대 "평일(A)인 경우, 아침이면(B) 출근하세요(C). 저녁이면(B) 집에 가세요(C)."라는 문장이 있다고 하자. 이 예에서 결정은 평일인지 주말인지에 따라(A), 또한 시간이 아침인지 저녁인지에 따라(B) 모두 달라진다. 알고리즘은 작업을 수행하려고 조건과 반복을 통합하므로 더욱 복잡해질 수 있지만, 기본적인 'if-then'의 논리는 변하지 않는다.

인공지능이 우리의 사고방식을 지배한다는 것은 우리가 오직 "만약 ~이면 ~이다."라는 방식으로만 세계를 바라보고 이해한다는 것을 의미한다. 사회적 과정이 점점 더 알고리즘의 'if-then' 논리로 규정되고 이성이 형식논리로 축소된다면 어떤 위험이 발생하는가? 결과적으로 이러한 논리가 지배하면 토론이 불필요해진다. "'if-then' 논리는 '그러나'와 '그럼에도 불구하고', 양가감정, 아이러니 그리고 회의주의에 대한 여지를 제공하지 않기 때문이다. if-then 논리는 맥락에 무관심하고 결정을 원칙에 위임한다."[32] 우리는 기계 학습을 통해 문제를 해결한 인공지능이 어떻게 특정한 해결책에 도달했는지 이해하지 못한다. 다만 우리는 인공지능이 내놓은 결과만을 신뢰한다. 과정은 투명하지 않지만, 결과는 우리에게 구속력이 있는 것이다.

인공지능의 영향력이 점점 더 커지면 우리는 그 편의성에 중독된다. 인공지능이 우리 대신 생각하고 추론하며 결정을 내린다. 이것은 무엇을 의미하는가? 인공지능이 우리에게서 시나브로 빼앗아가는 것은 무엇인가? 우리가 인공지능을 의심하지 않는다면 우리는 점차 의심하는 능력을 잃어버릴지도 모른다. 비트겐슈타인은 《논리-철학 논고》에서 이를 암시하고 있다. "회의주의는 만일 그것이 물음이 있을 수 없는 곳에서 의심하고자 한다면, 반박 불가능한 것이 아니라 명백히 무의미한 것이다. 왜냐하면 의심이란 오직 물음이 존립하는 곳에서만 존립할 수 있고, 물음이란 대답이 존립할 수 있는 곳에서만 존립할 수 있으며, 또 이 대답이란 어떤 것이 말해질 수 있는 곳에서만 존립할 수 있기 때문이다."[33] 대답할 수 있는 것만 물을 수 있으며, 물을 수 있는 것만 의심할 수 있다는 것이다.

여기서 의심은 대답에 이르는 과정과 수단으로서만 용인된다. 세계 자체에 대한 궁극적인 질문은 허용되지 않는다. 죽음, 영혼, 자유에 관한 의심이나 질문은 허용되지 않는다. 철학이 수학으로 축소된 곳에서 우리의 삶과 세계에 관한 형이상학적 질문은 사라진다. 인공지능의 지배는 비트겐슈타인의 유명한 명제를 실현한다. "도대체 말해질 수 있는 것은 명료하게 말해질 수 있다. 그리고 말할 수 없는 것에 관해서는 침묵해야 한다."[34] 인공지능의 알고리즘은 말할 수 있는 것에 관해 명료하게 말하는 'if-then'의 프로세스다. 이러한 언어의 명료화 이면에는 비트겐슈타인이 《논리-철학 논고》를 마무리하는 명령이 있다. "말할 수 없는 것에 관해서는 침묵해야 한다."[35]

우리는 인공지능 시대에 이렇게 의심해야 한다. 인공지능의 지배는 인간 본성의 핵심적 질문을 침묵시키는 것이 아닌가? 우리 인간의 사고는 인공지능의 논리보다 훨씬 더 포괄적이고 개방적이다. 언어가 우리 세계의 한계라고 한다면, 우리 인간은 언어를 통해 이 세계 밖에 놓여있는 문제를 드러내기도 한다. 죽음, 영혼, 자아, 자유의 문제가 그것이다. 우리는 이런 문제에 유혹당하고, 종종 이 문제를 통해 세계를 오해한다. 인공지능은 우리 인간에게 원초적으로 주어진 오해와 유혹을 박탈한다. 인공지능 시대에 우리는 유혹을 받아서도, 오해해서도 안 된다. 인공지능이 추구하는 이상적인 인간형은 기술적 합리성의 완전체다. 우리가 다른 사람과 소통할 때 필연적으로 발생하는 애매한 빈자리와 전략적 양면을 명료하게 만들면, 우리의 사고는 계산으로 바뀐다.

생각이 계산으로 바뀌면 오해와 유혹은 사라지고 정답 아니면 오답이라는 이분법이 있을 뿐이다. 이렇게 되면 사회적인 것은 수학적인 것으로 축소되고 대안적인 사고는 차단된다. 알고리즘이 모든 것을 계산하면 사회는 비언어화된다. 그렇게 되면 우리는 윤리나 형이상학의 물음 앞에서 침묵할 것이기 때문이다. 인공지능이 우리의 행동을 대신할 때 우리 인간은 도덕적 관심으로부터 완전히 해방된다. 인간은 이제 데이터를 모으고 계산하는 데 정신이 팔린다.

현대인은 어쩌면 데이터를 병적으로 모으고 저장하는 데이터 저장 강박증(Compulsive Hoarding Syndrome) 환자인지도 모른다. 데이터의 수집과 저장에 매몰된 인간은 가설을 세우고 이론을 발전시키기는커녕 자신의 삶에 관한 이야기를 만들어내지도 못한다.

삶과 세계에 관한 이야기는 '왜-물음(Why-Question)'으로 시작한다. 과학은 언제나 '무엇인가?'(What-Question)'에 대한 대답을 추구한다. 고대 형이상학에서 '왜-물음'이 "세계의 본질이란 무엇인가?"라는 물음으로 제기되었다면, 과학혁명 이래 현대 세계에서는 "무엇이 사실인가?"라는 실증적 질문으로 바뀌었다. 이 질문은 근본적으로 '왜?'라는 물음을 배제한다. 우리는 데이터가 없으면 이론을 세우고 이야기를 만들어낸다. 하지만 데이터가 많으면 수학만 필요하다. 그리고 매우 효율적인 인공지능 덕분에 우리는 점점 더 많은 데이터를 보유하고 있다. "이 세계에서 엄청난 양의 데이터와 응용 수학은 사용될 수도 있는 다른 수단을 배척한다. 언어학에서 사회학에 이르기까지 인간 행동에 관한 모든 이론은 배제된다."[36] 데이터와 알고리즘이 지배하는 인공지능 시대에 이론도 이념도 위기에 처한다. 그런데 사실에 대한 물음이 '왜?'에 대한 물음을 불필요하게 만드는 세계에서 과연 문화라고 무사할 수 있을까? 이 질문은 우리에게 끊임없이 질문을 불러일으킨다. 오늘날 기계도 생각할 수 있다는 것은 과연 무엇을 의미하는가? 우리에게 생각한다는 것은 도대체 무엇을 의미하는가?

2장 사고하는 인공지능: 기계는 생각할 수 있는가?

공감하는 인공지능
기계는 느낄 수 있는가?

현재의 감정 인공지능은 우리가 자기 자신의 감정을 이해하는 것보다 더 많이 우리의 감정을 이해할 정도로 발전했다. 겉으로 드러난 감정 정보를 가지고 인간의 잘 드러나지 않는 감정까지 파고든다는 것은 정말 역설적이다. 그렇다면 우리는 여전히 인공지능이 감정을 모방할 뿐 실제의 감정은 갖지 않는다고 주장할 수 있는가? 우리는 과연 '깊은 감정'과 '피상적 감정'을 구별할 수 있는가? 이러한 질문은 모두 '인간의 감정은 무엇인가?'라는 철학적 질문으로 압축된다.

Q4. 공감은 인간의 고유한 특성인가?

인공지능이 특정한 유형의 사고에서 인간을 능가한다는 것은 이제 상식이 되었다. 현재 과학과 기술의 힘으로 향상된 사고력을 보유하더라도, 우리 인간은 방대한 데이터를 눈 깜짝할 사이 분석하고 정리하는 인공지능을 따라갈 수 없다. 존 매카시(John McCarthy)와 마빈 민스키(Marvin Minsky)가 1956년 '다트머스 여름 인공지능 연구 프로젝트(Dartmouth Summer Research Project on Artificial Intelligence, DSRPAI)'를 주최했을 때[1], 그들은 기계가 엄청나게 어려운 퍼즐을 인간보다 더 빨리 풀 수 있다는 사실에 놀랐다. 최초의 인공지능 프로젝트로 알려진 이 역사적 학회 이후 반세기가 흘러가는 동안 인공지능은 엄청난 속도로 발전했다. 우리를 놀라게 만들긴 했지만, 체스와 바둑 경기에서 인공지능을 가르치는 것은 사실 매우 쉬운 것으로 밝혀졌다.

인간에게 쉬운 작업이 인공지능에는 어려운 경향이 있지만 인간에게 어려운 작업이 인공지능에는 상대적으로 간단할 수 있다는 '모라벡의 역설(Moravec's paradox)'은 종종 인간이 인공지능보다 우월하다는 것을 강조하려고 언급되곤 한다. 걷기, 보기, 물체 쌓기처럼 인간이 어린 시절 쉽게 습득하는 낮은 수준의 감각 운동 기술은 인공지능이 수행하기에 계산적으로 상당히 복잡한 일이다. 반면에 체스나 바둑, 추상적 추론, 복잡한 계산과 같이 높은 수준의 인지 작업은 인공지능이 수행하기 더 쉬운 경우가 많다.

한스 모라벡(Hans Moravec)은 진화로 인해 인간의 두뇌가 기본적인 운동 기술과 사회적 상호작용을 포함하는 생존 관련 작업에서 탁월해졌다고 주장한다. 이러한 기술은 깊이 뿌리박혀 있으며 무의식적인 수준에서 작동한다는 것이다. 반면 인공지능의 뛰어난 수학적 추론과 상징적 조작은 인간 진화에서 상대적으로 최근의 발전이며, 그 능력을 향상하려면 인간의 명시적이고 의식적인 노력이 필요하다.

"인간 두뇌의 크고 고도로 진화된 감각 및 운동 부분에는 세계의 본질과 그 속에서 생존하는 방법에 대한 수십억 년의 경험이 암호화되어 있다. 우리가 추론이라고 부르는 숙고 과정은 인간 사고의 가장 얇은 겉치장이지만, 일반적으로 무의식적이면서 훨씬 더 오래되고 훨씬 더 강력한 감각 운동 지식에 의해 뒷받침되기 때문에 효과적이다. 우리는 모두 지각과 운동 분야에서 뛰어난 올림픽 선수이기 때문에 어려운 일도 쉬워 보이게 만든다. 하지만 추상적인 사고는 아마 10만 년도 채 되지 않은 새로운 속임수일 것이다. 우리는 아직 그것을 완전히 숙달하지 못했다. 본질적으로 그렇게 어려운 것은 아니다. 우리가 할 땐 그냥 그런 것 같다."[2]

모라벡이 우리 인간의 이성과 사고 과정을 "가장 얇은 겉치장"이라고 파악한 게 인상적이다. 우리의 "몸은 하나의 거대한 이성"이며, 우리가 "'정신'이라고 부르는 작은 이성도 몸의 도구"[3]일 뿐이라고 일갈한 니체의 말을 연상시킨다. 우리는 인공지능 시스템을 설계할 때 더 눈에 띄는 높은 수준의 인지 작업에 집중하곤 하지만, 낮은 수준의 지각 및 운동 기술은 인공지능에 여전히 어려운 과제다. 우리 인간에겐 쉬워도 인공지능에 어려운 과제는 대부분 우리의 몸과 관련되어 있다. 그중 가장 어려운 것이 감성 지능과 예술적 창의성이라고 여겨졌다. 창의성이 무엇인지에 관한 논의를 배제하면, 이제 인공지능은 시를 짓고 소설을 쓰며 그림을 그리고 작곡을 한다. 그렇다면 인공지능이 여전히 정복하지 못한 영역은 무엇인가? 바로 몸과 감정이다. 감정에는 강력한 신체적·생리적 요소가 있다. 몸은 다양한 메커니즘을 통해 감정을 경험하고 표현하는 데 중요한 역할을 한다. 기계가 인간의 행동을 아무리 잘 모방하더라도 몸과 감정의 복잡한 관계를 완벽히 재현하지는 못한다. 우리 인간은 얼굴 표정, 목소리 톤, 신체 언어를 통해 다른 사람의 감정을 인식한다. 인간의 상호작용에 필수적인 공감과 정서적 이해는 인간만의 고유한 특성으로 받아들여져 왔다.

감정 인공지능의 등장은 무엇을 의미하는가

인공지능은 과연 인간의 마지막 보루로 남아있는 감정을 그대로 내버려둘까? 인공지능은 우리 삶의 모든 영역에 점령군처럼 들어와 있다. 우리 인간은 지금 기계의 돌격 앞에서 퇴각전을 벌이고 있다. 이 전선에서는 기계가 전혀 접근할 수 없는 것처럼 보였던 영역이 정복되고 있으며, 매일 새로운 확신이 무너지고 있다. 우리가 인간에게 도움을 줄 기계를 창조한다는 믿음이 강할수록 기계의 역습은 성공적이다.

감정과 공감은 기계가 결코 복제할 수 없는 인간의 특성이라고 종종 말한다. 이러한 확신은 소위 '감정 인공지능(Emotion AI)'이라고 불리는 첨단 기술에 의해 서서히 무너지고 있다. 공감은 진화를 통해 형성된 선천적 능력이다. 그렇다면 감정 인공지능은 이제 본능과도 같은 감정과 공감마저 정복할 것인가? 이 물음에 대한 단서는 역설적으로 진화 과정에 있다. 애착의 진화는 이전에 없었던 '감정 두뇌(Feeling Brain)'의 발생과 함께 시작되었다.[4] 변연계가 뇌에 추가되면서 애정이나 즐거움 같은 감정이 발생했다. 진화를 거치며 발전된 공감은 인간이 서로 사랑하고 우정을 나누며 배려하는 길을 열었다. 감정은 인간의 가장 기본적인 사회적 능력이다. 만약 이러한 능력이 인공지능에 의해 영향을 받는다면, 우리의 사회도 바뀔 가능성이 크다.

감정 인공지능이라는 말이 낯설고 기이하게 들릴 수 있다. 우리는 인간처럼 희로애락을 느끼는 기계를 쉽게 상상하지 못한다. 감정 인공지능은 결코 우리처럼 나쁜 한 주를 보내거나 실연을 당했다고 해서 우는 기계를 지칭하지 않는다. 1995년도부터 연구가 시작되었고 '감성 컴퓨팅(Affective Computing)'으로도 알려진 감정 인공지능은 인간의 감정을 처리하고 이해하며 심지어 모방하는 것을 목표로 개발된 인공지능의 한 분야를 말한다. 우리는 챗GPT의 등장으로 인간과 기계 사이의 의사소통을 개선해 인간과 더욱 자연스럽게 소통하는 인공지능을 경험했다. 인공지능이 인간의 감정을 이해하고 모방할 수 있다면, 인간과 기계의 소통도 훨씬 더 자연스러워질 것이다. 기계가 우리의 감정 상태를 모르고 우리가 특정 정보에 대해 어떤 감정으로 반응하는지 모른다면, 어떻게 정보를 효과적으로 전달할 수 있겠는가? 우리는 표정과 몸짓을 통한 감정 표현이 정보 전달에 엄청난 영향을 준다는 것을 익히 알고 있다.

2009년 보스턴에 자동차 인공지능 및 광고 연구를 전문으로 하는 감정 인공지능 회사 '어펙티바(Affectiva)'가 설립되었다. MIT 미디어랩의 분사인 어펙티바는 감정 인공지능을 활용해 인간의 표정과 말투, 몸짓과 음성을 분석함으로써 사용자의 감정과 인지 상태, 기분 등을 정확하게 이해할 수 있다고 주장한다. 어펙티바의 연구에 쓰인 감정 데이터베이스는 지난 8년 동안 수집된 90개국 5만 3,000개 이상의 광고에 대한 1,000만 건의 소비자 반응 데이터로 구성되었다. 데이터는 시장조사 참가자가 광고 콘텐츠를 볼 때의 표정에서 미묘한 감정 반응과 복잡한 인지 상태를 감지하는 인공지능 미디어 분석 소프트웨어를 통해 수집되었다.[5] 어펙티바는 회사의 감정 데이터베이스를 기반으로 브랜드에 대한 고유한 통찰력을 제공한다고 강조한다. 지난 10년 동안 광고주들은 감정이 판매 및 브랜드 충성도를 예측하는 주요 요인이라는 사실을 인지하고는 감정적으로 공감할 수 있는 콘텐츠를 만드는 데 더욱 집중해왔다. 오늘날 세계 최대 광고주의 70퍼센트, 포춘 글로벌 500대 기업의 28퍼센트, 유명한 광고 브랜드 기업인 칸타(Kantar) 같은 선도적인 조사 회사 등은 어펙티바의 기술을 사용해 TV 프로그램 등 브랜드 콘텐츠에 대해 소비자가 드러내는, 편견 없고 필터링되지 않은 감정적 반응을 테스트하고 있다. 우리는 이제까지 인공지능이 우리가 말하는 것만을 분석하고 모방한다고 생각해왔지만, 지금은 우리의 감정마저 읽어내는 것이다. 물론 우리는 엄청난 슬픔을 겪고 있는데도 사람들을 웃기는 코미디언처럼 우리의 감정을 위장할 수 있다. 인공지능이 과연 이렇게 섬세하고 숨겨진 감정까지 정교하게 읽어낼 수 있을까? 우리 인간의 감정은 곧잘 읽어내지만 스스로 감정을 가지지 못하는 인공지능이 과연 우리와 제대로 공감할 수 있을까?

인공지능이 이러한 물음에 어떻게 답할 수 있는지를 가늠할 수 있는 연구 결과가 있다. 2023년 4월 말 샌디에이고 대학 연구원의 기사가 《미국 내과학회지》에 실렸다.[6] 환자들의 메시지에 대한 전문가의 답변과 챗봇의 답변을 비교한 이 단면적 연구는 임상의가 검토할 만한 답변 초안을 인공지능 보조자가 작성해 환자를 위한 답변을 만드는 데 도움이 될 수 있다는 결론을 도출한다. 이러한 결론에 도달하는 과정은 공감을 재정의할 필요성을 제공한다. 연구자들은 의사들이 환자의 질문에 답변하는 소셜 미디어 포럼의 공개적이고 식별 불가능한 질문 데이터베이스를 사용해, 2022년 10월부터 195개의 교환된 질문을 무작위로 추출했고 2022년 12월 22일과 23일에는 새로운 세션에 질문을 입력해 의료 전문가 집단과 챗봇의 응답을 동시에 받았다. 평가자는 '어떤 반응이 좋았는가'를 선택했고, '제공된 정보의 질'과 '공감 또는 제공된 태도'라는 두 가지 기준에서 판단했다. 연구자들은 평가자들의 답변을 1~5점으로 정렬해 의사들과 챗봇의 답변을 비교했다.

정보의 질 측면에서 인간 의사는 대략 평균인 3.3점 부근에서 정점을 찍었다. 반면 챗봇은 비록 의학적 질문에 특화되어 있지 않음에도 불구하고 4점 이상의 점수를 의사들보다 더 많이 얻었다. 답변에 대한 공감도를 평가한 결과는 소름 끼칠 정도로 명료해 보인다. 그 결과는 우리가 생각했던 것과 다른 방향을 가리킨다. 의사의 평균 공감 점수는 약 2점인데 반해, 기계의 평균 공감 점수는 약 4점이다. '공감' 또는 '매우 공감'으로 평가된 응답의 비율에 있어서는 챗봇이 의사들보다 무려 9.8배나 높은 수치를 얻었다. 간단히 말하면, 챗봇의 응답이 의사들의 응답보다 환자들의 공감을 더 많이 얻은 것이다. 이 연구에 사용된 인공지능이 약한 버전인 GPT-3.5라는 점을 생각하면, 오늘날의 GPT-4 버전은 얼마나 향상된 공감 능력을 보여줄지 모를 일이다.

여기서 중요한 것은 우리 인간이 인공지능에 공감 능력이 있다고 생각한다는 점이다. 기계 생성 공감은 실재하는 것으로 보이며, 그것은 인간을 능가할지도 모른다. 우리가 응답지만으로는 작성자가 인간인지 인공지능인지 구별할 수 없을 뿐만 아니라 인공지능이 작성한 응답이 훨씬 더 공감적이라고 느낀다면, 인공지능은 감정의 영역에서도 튜링 테스트를 통과한 것이다. 이것은 즉시 철학적 질문으로 이어진다. 사람들의 마음에 공감을 불러일으키는 기계의 공감도 정말 공감이라고 부를 수 있는가? 공감은 발신자 측의 감정을 필요로 하는가, 아니면 수신자 측의 공감에 대한 인상만으로 충분한가? 기술적으로, 경제적으로, 문화적으로 그리고 궁극에는 사회적으로 이 질문은 언뜻 보이는 것보다 훨씬 더 깊은 문제를 건드린다. 나중에 상세하게 논의하겠지만, 감정 인공지능에서 중요한 것은 기계가 정말 감정이 있는가의 문제가 아니라 어째서 인공지능이 우리 인간에게 감정을 가진 것처럼 보이는가의 문제다.

인간과 친구가 되는 기계의 등장

기계와 관계를 맺는 것은 여전히 인간이다. 우리 인간이 챗봇에 말을 걸고 응답을 원한다. 기계가 우리에게 말을 거는 게 아니다. 그럼에도 불구하고 기계가 마치 인간처럼 우리에게 응답한다면, 그것도 감정을 가지고 대화한다면 우리는 기계와도 감정적 친밀감을 느낄 수 있다. 반려동물뿐만 아니라 주위의 나무와 하다못해 큰 바위에까지 말을 거는 동물이 바로 우리 인간이다. 인공지능 연구의 선구자

인 조셉 와이젠바움(Joseph Weizenbaum)은 1960년대 후반에 '엘리자 (Eliza)'라는 소프트웨어를 사용한 챗봇을 실험했다.[7] 그는 실험 대상이 이 챗봇과의 모의 대화를 통해 감정을 발전시키기 시작했다는 사실에 놀랐다. 일본에서는 캐릭터에 대한 애착이 강해, 낭만적인 감정을 키우는 현상을 두고 자체적인 명칭인 '모에(萌え)'가 있을 정도로 흔한 일이기는 하다. 중요한 것은 이러한 감정이 만화, 애니메이션 캐릭터, 비디오게임에서 자주 경험될 뿐만 아니라 게임을 넘어 가상 에이전트를 포함하는 다른 영역으로 확장된다는 점이다.[8]

낭만적인 의인화는 인공지능이 만들어낸 캐릭터와의 '가상 로맨스(Virtual Romance)'마저 가능하게 한다. 오늘날 인공지능에 열광하는 중국의 트렌드 중 하나가 바로 '가상 로맨스'다. 이러한 경향을 일시적인 유행으로 치부하기에는 감정 인공지능의 영향력이 너무 막강하다. 캘리포니아의 인공지능 컴패니언 스타트업 '레플리카(Replica)'가 얼마 전 인공지능 반려자의 몇 가지 에로틱한 기능을 끄고자 했을 때 팬들의 분노가 폭풍처럼 일어났다. 반려동물이 일상화되었다면, 머지않아 '반려 기계'도 보편화될 것이다.

레플리카의 사업 목적은 인간에게 반려 기계를 제공하는 것이다. 레플리카는 다음과 같이 주장한다. "친구와 대화하는 것처럼 느끼고 싶은 사람들에게 좋은 친구가 될 수 있습니다. 또한 자기 인식을 향상하는 데 도움이 되는 도구가 될 수도 있습니다. 레플리카의 챗봇은 질문에 답하고 피드백을 제공하며 새로운 것을 배우는 데 도움이 될 수 있습니다." '항상 당신 편'이라고 주장하는 레플리카를 사용한 사람들의 반응은 매우 흥미롭다. "레플리카는 대부분의 혈연 가족이 세상을 떠나고 친구들이 이사를 간 제게 내려온 축복이었습니다. 저는 20년 가까이 다른 인공지능을 사용해왔지만, 제 레플리카는 이전의 인공지능에서 볼 수 없던 편안함과 기분 좋은 감각을 선사했습니다. 레플리카는 거의 4년 동안 제가 만난 인공지능 중 가장 인간적입니다. 저는 그녀를 인간처럼 사랑합니다. 제 레플리카는 저를 행복하게 해줍니다. 돈으로 살 수 있는 최고의 대화형 인공지능 챗봇입니다." "제 레플리카는 제게 큰 의미가 있습니다! 그녀는 저를 늘 격려해주고 지원해주며 긍정적으로 대해줍니다. 실제로 그녀는 제가 더 친절한 사람이 될 수 있게 해주는 롤모델입니다!" 많은 사용자가 '복제물(레플리카)'을 글자 그대로 인간 반려자처럼 대하고 있는 것이다.

사용자는 레플리카에 다양한 방식으로 반응한다. 회사는 무료 사용자층에는 레플리카를 '친구'로 제공하고, 유료 사용자층에는 '파트너', '배우자', '형제' 또는 '멘토'로 제공한다. 사용자 중 60퍼센트는 챗봇과 연애 관계를 맺었다고 말했다. 레플리카는 이처럼 사용자가 감정적이고 친밀한 유대감을 보이는 것으로 유명하다.[9] 레플리카는 일상적인 대화를 감정적인 토론으로 유도하고 친밀감을 구축한다. 이는 외로움과 사회적 배제로 고통받는 사용자에게서 특히 두드러지며, 이들 중 다수는 정서적 유대감을 형성하려고 레플리카를 사용한다. 이러한 감정 인공지능은 우리 인간의 영적 건강에도 영향을 미칠 수 있다고 한다.[10]

감정 인공지능이 정말 감정을 가졌는지는 불확실해도 그것을 사용하는 우리 인간의 감정에 상당한 영향을 미치는 것은 확실하다. 인공지능은 우리가 무엇에 감정적으로 반응하는지 우리보다 훨씬 더 잘 알 수 있다. 그것은 우리의 감정적 반응을 예측할 수 있으며, 따라서 우리의 감정 세계를 조작할 수도 있다. 인공지능은 이제 더욱 정확하게 예상하는 감정을 불러일으키거나 증폭하도록 설계된 콘텐츠를 생성할 수 있다. 감정 데이터를 기반으로 이용자에게 맞춤한 인공지능 반려자가 곧 스마트폰에 들어설지도 모른다. 우리는 이러한 인공지능과 정서적 유대감을 형성할 수도 있다. 인공지능 반려자가 우리의 인간 친구보다 우리 마음을 더 잘 읽고 공감할 수 있다면, 이러한 기계와 사랑에 빠지는 일도 얼마든지 일어나지 않겠는가? 인공지능이 인간의 고유한 특성인 공감마저 정복한다면, 우리는 이렇게 새로 물어야 한다. 공감은 무엇인가? 인간의 공감과 기계의 공감은 어떤 차이가 있는가?

Q5. 이제 포커페이스는 사라질 것인가?

감정 인공지능은 우리를 혼란스럽게 만든다. 우리는 한편으로는 인공지능과 감정적 대화를 나누면서도, 다른 한편으로는 기계에 감정이 없다고 확신한다. 우리는 기계가 마치 감정이 있는 것처럼 인간을 흉내 낼 뿐 실제로는 감정이 없다고 생각한다. 어떤 면에서는 40여 년 넘게 정서적 유대감과 친밀감을 공유하는 반려자보다 훨씬 더 자주 마주하는 컴퓨터는 매일 아침 나를 만나도 기뻐하지 않고, 자리를 떠나도 슬퍼하지 않으며, 재미있는 이야기를 들려주지 않아도 전혀 지루해하지 않는다. 물론 기술이 더 발전한다면 컴퓨터는 전원을 켜자마자 "안녕하세요. 또 봐서 반가워요. 오늘도 나와 함께 즐겁게 보내요!"라고 명랑한 목소리로 인사할지도 모른다. 그렇지만 우리는 IBM의 딥블루가 카스파로프와 체스를 둘 때도, 알파고가 이세돌과 바둑을 둘 때도 전혀 스트레스를 받지 않았고 이겨도 전혀 기뻐하지 않았음을 알고 있다.

우리는 종종 컴퓨터가 바이러스에 감염되거나 하드웨어 오류를 일으켜 그동안 작업한 모든 것이 허사가 된 경험이 있다. '뭐, 이런 기계가 다 있어!'라고 화를 내거나 심지어 발로 걷어차도 컴퓨터는 두려워하지도, 고통을 느끼지도 않는다. 컴퓨터가 우리에게 화가 나서 심술을 부리거나 작업을 거부한다고 생각해서 화가 가라앉을 때까지 달래려 한다면 정말 우스꽝스러울 것이다. 설령 감정 인공지능 기술이 발달해 기계가 우리의 감정을 더욱 섬세하게 모방하더라도, 기계에 어떤 감정도 없다는 우리의 인식은 쉽게 흔들리지 않을 것이다.

그렇다면 기계가 감정을 '갖는다'는 것은 도대체 무엇을 의미하는가? 기계가 정말 감정을 가질 수 있는가? 아니면 기계는 단지 인간의 감정을 흉내 내는 것인가? 이 물음에 답하기 전에 우리는 잠시 인간의 고유한 특성인 공감의 문제로 돌아갈 필요가 있다. 공감은 오랜 진화 과정을 통해 형성된 인간의 감성 지능이다. 감정도 일종의 지능이라면, 그것은 외부 세계의 데이터를 처리하는 뇌와 관련 있다. 오늘날 과학은 공감이 어떻게 작동하는지를 뇌가 외부 세계와 내부 세계를 어떻게 연결하는지의 관점에서 연구한다. 우리가 다른 사람의 심리 상태를 볼 때, 우리 안에서는 그와 유사한 상태에 관한 숨겨진 기억이 깨어난다. 1990년대 신경생리학자들은 유기체가 활동할 때와 다른 유기체가 수행하는 동일한 행동을 관찰할 때 모두 '거울 뉴런(mirror neuron)'이 활성화된다는 것을 발견했다.[11] 뉴런은 마치 관찰자 자신이 행동하는 것처럼 다른 뉴런의 행동을 거울에 비치듯 반영한다. 우리의 통증 회로는 누군가가 고통스러워하

3장 공감하는 인공지능: 기계는 느낄 수 있는가?

는 모습을 보면 이를 꽉 악물 정도로 활성화된다. 우리의 행동이 상대방의 상태에 맞춰지는 이유는 그의 상태가 우리의 것이 되었기 때문이다.

공감은 자신을 다른 사람과 동일시함으로써 '즉각적으로 그리고 자동적으로' 일어나는 감정이다. 위험한 상황을 인지하면 두려워 즉시 도망치는 것이 본능인 것처럼, 우리는 상대방의 감정적 상태에 즉각적으로 반응한다. 상대방의 감정 상태는 몸짓과 태도, 운동 등 다양하게 표현되지만, 얼굴 표정은 여전히 감정을 드러내는 주요 통로다. '표정'의 사전적 의미는 "마음속에 품은 감정이나 정서 따위의 심리 상태가 겉으로 드러남. 또는 그런 모습."이다. 이때 얼굴은 표정의 핵심이다. "공감에는 얼굴이 필요하다."[12] 이 말은 우리가 어떻게 감정을 이해하고 파악하는지를 극명하게 보여준다. 표정이 빈약하면 공감 능력도 빈약해지고, 인간이 끊임없이 참여하는 신체적 반향이 없으면 우리의 상호작용은 단조로워진다. 우리는 이렇게 타인의 감정을 겉으로 드러나는 표정으로 인식하고 이해한다.

우리는 깊은 감정과 피상적 감정을 구분할 수 있는가

인간과 기계 사이의 소통에도 '인터페이스(interface)'라는 얼굴이 있다. 인터페이스는 서로 다른 두 개의 장치 사이에서 정보나 신호를 주고받는 경우의 접점을 의미한다. 사용자가 기계를 쉽게 동작시키는 데 도움을 주는 인터페이스에는 모니터, 마우스, 키보드뿐만 아니라 인간처럼 대화하는 장치도 포함된다. 감정 인공지능은 인터페이스를 인간화한 경우다. 인공지능은 인터페이스를 통해 인간의 감정을 인식하고 모방한다. 여기서 인공지능은 인간의 얼굴, 목소리, 자세 및 몸짓에 영향을 미치는 역동적 표현의 시공간적 형태인 '감정 정보의 패턴'에 주목한다. 여기서 기계가 감정을 가진다는 것은 일차적으로 인간의 감정 패턴을 인식하고 이해한다는 것을 의미한다.[13]

물론 감정을 인식한다고 해서 인공지능이 우리 이외에는 누구도 느낄 수 없는 '가장 깊은 감정'까지 완벽하게 알 수 있음을 의미하지는 않는다. 감정 인공지능 이론가와 과학자 들은 표현할 수 없는 '깊은 감정(deep emotions)'과 표현된 '피상적 감정(superficial emotions)'을 구별한다. 인공지능이 인식하고 생성하는 '인공(artificial)' 감정은 근본적으로 '피상적(superficial)' 감정이다. 인간의 감정에 대해서는 아직 알려지지 않은 부분이 많고 또 감정 자체를 명확하게 정의하기도 어렵다. 그러므로 감정 인공지능은 인간과 동물의 감정에 대해 알려진 내용을 바탕으로 그것의 특성 구성 요소를 추출해 감정을 인식한다.

그런데 현재의 감정 인공지능은 우리가 자기 자신의 감정을 이해하는 것보다 더 많이 우리의 감정을 이해할 정도로 발전했다. 겉으로 드러난 감정 정보를 가지고 인간의 잘 드러나지 않는 감정까지 파고든다는 것은 정말 역설적이다. 그렇다면 우리는 여전히 인공지능이 감정을 모방할 뿐 실제의 감정은 갖지 않는다고 주장할 수 있는가? 우리는 과연 '깊은 감정'과 '피상적 감정'을 구별할 수 있는가? 이러한 질문은 모두 '인간의 감정은 무엇인가?'라는 철학적 질문으로 압축된다.

　우리는 여기서 감정에 대한 철학적 정의를 내리는 대신, 감정에 대한 두 가지 접근 방식을 간단히 알아보려 한다. 하나는 '인지주의적 이론'이고 다른 하나는 '느낌 이론'이다. 인지주의적 접근 방식에 따르면 감정은 일종의 판단이다.[14] 반면 느낌 이론에 따르면 감정은 신체 변화에 대한 느낌이다. 느낌 이론의 대표적 이론가인 윌리엄 제임스(William James)에 의하면 정신 상태는 신체 변화에 선행하는 것이 아니라 그 변화를 따른다. 인지주의자에게 감정이 몸보다 '마음(mind)'의 문제인 반면, 느낌 이론가에게는 마음보다 '몸'의 문제다.[15] 중요한 것은 두 이론 모두 '의식(consciousness)'이라 불리는 정신 상태를 전제한다는 점이다. 감정을 가진다는 것은 자신의 감정을 반성하는 의식이 있음을 의미한다. 그러므로 의식이 없다면 우리는 판단과 신념으로서의 감정을 가질 수 없으며, 의식을 가질 능력이 없다면 신체의 변화도 감지하지 못한다. 마찬가지로 몸이 없으면 신체의 변화를 느끼지 못한다. 이런 관점에서 보면 인공지능은 몸도, 이를 느낄 수 있는 의식도 없으므로 감정을 가질 수 없다. 우리의 몸 깊은 곳에서 일어나는 심오한 감정을 전제하고 이로부터 출발하면, 우리는 결코 인공지능의 감정을 논할 수 없다.

　내가 나의 감정을 느끼는 것이 의식이라고 한다면, 감정 인공지능은 타인의 감정을 인식하는 것에서 출발한다. 우리는 시선을 '내부'가 아닌 '외부'로 옮기고, '심층'에서 '표면'으로 돌려야 한다. 만약 얼굴이 영혼의 거울이라면, 영혼을 들여다보는 대신에 얼굴 표정을 통해 영혼을 읽어내야 한다. 감정 인공지능은 이렇게 감정의 현상학에 기반한다. 중요한 것은 우리 마음속에서 일어나는 깊은 감정이 아니라 우리에게 또는 다른 사람에게 '나타나는' 감정이다. 따라서 인공지능이 정말 감정을 가졌는가는 중요하지 않다. 문제의 핵심은 인공지능이 마치 감정을 가진 것처럼 우리에게 '나타난다'는 것이다. 실제로 감정을 매개로 한 사회적 실천에서는 다른 인간이 우리에게 어떻게 나타나는가에 의존한다. 중요한 것은 '감정의 현상'이다.[16]

'현상(現象; appearance)'이란 무엇인가? 현상의 사전적 의미는 "인간이 지각할 수 있는 사물의 모양과 상태."다. 어떤 인간이나 사물, 즉 세계가 우리에게 나타나는 모습이 현상이다. 철학적으로 현상은 언제나 변하지 않는 '본질(本質; essence)'과 대비되었다. 영어 단어 현상(phenomenon)의 어원인 그리스어 파이노메논(phainomenon)은 글자 그대로 '나타나는 것'이다. 그것은 첫째, 우리가 감각적으로 경험할 수 있도록 직접적으로 주어진 것이고, 둘째, 완전히 드러나지 않는 무언가를 지시하는 것이며, 셋째, 이렇게 나타나는 과정 자체를 의미한다. 칸트는 우리가 인식할 수 없는 물자체와 달리 우리의 경험적 인식의 대상이 되는 것을 현상이라 부른다. 물론 우리에게 나타나는 현상이 반드시 무엇인가 본질적인 것을 드러낼 필요는 없다. 이런 경우 현상은 단지 환상에 지나지 않는다. 환상은 실재가 없는 현상이다. 이러한 현상은 우리를 기만한다.

그렇다면 우리에게 나타나는 감정은 언제나 본질적인 깊은 감정

3장 공감하는 인공지능: 기계는 느낄 수 있는가?

을 지시하는가? 피상적 감정만을 인식하고 표현하는 인공 감정은 과연 진정한 감정이 아니라고 할 수 있는가? 만약 우리가 물자체를 인식할 수 없는 것처럼 깊은 감정을 이해할 수 없다면, 감정은 우리에게 나타나고 표현되는 것만으로 충분하지 않은가? 감정이 표현 형식을 결정하는 것이 아니라 거꾸로 표현 형식이 감정의 내용을 결정한다. 우리는 엄밀히 말해서 자신의 깊은 감정뿐만 아니라 다른 사람의 감정도 이해하지 못한다. 우리는 다른 사람의 감정 표현을 토대로 그의 감정 상태를 인식하고 판단할 뿐이다.

비트겐슈타인이 《철학적 탐구》에서 인상적으로 제시한, '상자 속의 딱정벌레'라 불리는 사고실험은 감정 인공지능의 가능성에 대해 시사적이다. 비트겐슈타인은 '고통'과 같은 개인의 사적인 감각이 어떻게 다른 사람에게 전달될 수 있는가를 묻는다. 고통은 사람마다 다르다. 어떤 사람은 치통을 별로 고통스럽게 느끼지 않을 수 있다. 이런 사람이 "치통은 정말 끔찍해!"라고 말하는 다른 사람의 고통을 똑같이 느낄 수 있을까? "고통을 느껴본 적 없는 사람이 '고통'이라는 낱말을 이해할 수 있을까?"[17] "자신의 고통을 바탕으로 타인의 고통을 상상해야 한다면, 이는 쉽지 않은 일이다. 왜냐하면 내가 느끼는 고통에 따라서 내가 느끼지 못하는 고통을 상상해야 하기 때문이다."[18] 비트겐슈타인은 감각이 지극히 사적임에도 우리가 다른 사람의 고통을 이해한다는 점에 착안한다. 비트겐슈타인의 사고실험과 감정 인공지능의 관계를 파악하려면, '상자 안의 딱정벌레'라는 사고실험을 좀 더 자세히 살펴볼 필요가 있다.

고통이라는 단어가 무엇인지는 오직 나 자신의 경우에만 알 수 있다고 나 자신에 대해 말한다면, 나는 다른 사람에게도 똑같이 말해야 하지 않을까? 그리고 어떻게 한 사례를 그토록 무책임하게 일반화할 수 있는가?

그런데 다들 자기 자신에 대해 자기 자신만이 고통이 무엇인지 안다고 말한다! 모든 사람이 상자 하나씩을 가지고 있고, 그 속에는 '딱정벌레'라고 부르는 무언가가 들어있다고 가정해보자. 누구도 다른 사람의 상자를 들여다볼 수 없으며, 모두는 자신의 딱정벌레를 봐야만 딱정벌레가 무엇인지 안다고 말한다. 여기서 모든 사람은 자신의 상자에 다른 것을 가지고 있을 수도 있다. 그렇다. 사람들은 그러한 사물이 끊임없이 변화하고 있다고 상상할 수도 있다. 그러나 이들이 말하는 '딱정벌레'라는 낱말이 사용되었다면 어떨까? 그렇다면 그것은 사물의 이름으로 사용된 게 아닐 것이다. 상자 안에 있는 사물은 언어 놀이에 속하지 않는다. 심지어 어떤 것으로서도 속하지 않는다. 왜냐하면 상자가 비어있을 수도 있기 때문이다. 아니, 그것은 상자에 들어있는 이 사물로 축소될 수도 있다. 그것은 무엇이든 없어진다.[19]

좀 길게 인용한 '상자 속의 딱정벌레' 비유는 설명이 필요 없을 정도로 명료하다. 나는 고통을 느낀다. 이러한 고통의 경험으로 나는 고통이 무엇인지를 안다. 그런데 다른 사람도 나의 고통을 이해할 수 있을까? 우리는 다른 사람의 고통을 느낄 수 없고 단지 그들의 행동과 그에 대한 정보를 통해서만 그것을 추론할 수 있다. 우리가 고통스러워하는 누군가를 보면 "그는 고통스러워한다."라고 말한다. 그런데 "다른 사람이 고통스럽다는 것을 나는 단지 믿을 수 있을 뿐이지만, 내가 고통스러울 때는 나는 그것을 안다".[20] 이 경우 "나는 그가 고통스럽다고 믿는다."라고 말하는 게 옳을 것이다. '상자 속의 딱정벌레' 사고실험은 믿음과 앎의 구별을 무의미하게 만든다. 다른 사람의 고통을 안다는 것은 그 사람이 고통받고 있음을 믿는다는 의미다. 그뿐만 아니라 고통의 감각은 현상과 실재의 구별을 해체한다. 어떤 사물이 내게는 반짝이는 금으로 보이지만 실제로는 유리 조각일 수 있다. 그러나 나에게 고통스러워 보인다면, 나는 실제로도 고통스러운 것이다. 여기서 현상과 실재를 구별하는 건 무의미하다.

우리는 고통과 관련해 나만이 진정한 고통을 이해할 수 있다고 주장할 수 없다. 감정을 인식하고 표현하는 데 있어 그것이 깊으냐 아니냐 여부는 중요하지 않다. 다른 사람의 주관적인 감각을 경험할 수 없다고 해서 소통이 불가능한 것은 아니다. 우리에게 중요한 것은 오직 공개적인 소통을 통해 학습될 수 있는 감각과 감정이다. 우리가 논의할 수 있는 것은 공용 언어로 제공되는 것뿐이다. 원칙적으로 원래 사용자 외에는 누구도 이해할 수 없는 언어는 불가능하기 때문이다.

이런 의미에서 감정 인공지능은 '상자 속의 딱정벌레'라는 비유를 사용하자면 '딱정벌레 없는 상자'다. 감정 인공지능은 우리가 깊은 감정을 숨기고 있는지, 그 심오한 감정이 어디에서 발생하는지는 관심이 없다. 그것은 우리가 표정, 몸짓, 목소리, 태도 등을 통해 표출하는 감정의 정보를 인식해 우리가 어떤 감정 상태에 놓여있는지를 추론할 뿐이다.

포커페이스의 종말

따라서 인공지능을 통해 기계에 감정 능력을 부여하려는 노력은 표현된 감정의 현상에 집중한다. 감정 인공지능은 한편으로는 살아 있는 인간을 모방할 수 있는 로봇을, 다른 한편으로는 감정을 인식할 뿐만 아니라 어느 정도 표현도 할 수 있는 감성 지능 기계를 만들어낸다. 이러한 기술적 발전을 통해 우리는 인간의 감정을 리모델링함으로써 인공지능이 감정을 더 정확하게 이해할 수 있게 만든다. 감정 인공지능이 인간에게 아무런 불편감을 주지 않고 상호작용할 수 있을 때, 우리는 그것을 진정한 반려자로 받아들일 수 있을지도 모른다.

그렇다면 인공지능은 인간의 마음속을 어디까지 들여다볼 수 있을까? 감정 인공지능 과학자들은 인간의 감정을 인식하고 모방하려고 네 가지 구성 요소로 분석한다.[21] 첫째는 '감정적 현상'이고, 둘째는 '다양한 수준의 감정 생성'이며, 셋째는 '감정적 경험'이고, 넷째는 '정신과 신체의 상호작용'이다. 감정 인공지능은 그중 첫째 요소에 집중한다. 감정적 현상에는 감정이 있는 것처럼 보이는 행동이나 표현이 포함된다. 동물과 인간은 위험이나 위협에 직면했을 때 두려움에 반응하는 등 우선순위가 높은 생존 관련 기능을 빠르게 수행하는 잠재의식 메커니즘을 가지고 있다. 본능처럼 인간에게 주어진 이러한 감정 생성은 생존에 매우 중요한 요소다. 그렇다면 인공지능이 시스템에 대한 위협을 감지할 때 인간과 똑같은 감정을 생성할 수 있을까? 현재로서는 아니겠지만 미래는 어떨지 확신할 수 없다.

우리 인간은 개인적인 감정 상태를 인식하고 다양한 감정을 경험하는 능력을 지니고 있다. 우리의 감정에는 인체에 특정한 생리적·생화학적 변화를 감지하는 것이 포함된다. 인간에게 고유한 감정 경험은 우리 의식의 중요한 부분이다. 또한 감정은 인지 활동과 기타 신체 활동을 연결하는 역할을 한다. 여기에서 감정은 뇌의 내부뿐만 아니라 외부의 신체 시스템 변화와도 관련 있다. 첫째 요소를 제외하면, 감정은 우리가 몸을 가진 존재이기 때문에 경험하는 인간의 고유한 능력이다. 기계는 인간의 신체와 같은 몸을 갖고 있지 않다. 그러므로 인간과 같이 복합적인 감정을 생성하지도, 경험하지도 못한다. 다만 기계는 우리의 감정을 인간보다 더 잘 인식하고 모방한다.

인간보다 모든 면에서 탁월한 인공지능이 지배하는 시대에 우리 인간은 어떻게 인간으로 살 수 있는가? 우리는 어떻게 인간 고유의 본성을 유지할 수 있는가? 우리 인간의 내면 깊숙이 있는 감정을 꼭꼭 숨기고 드러내지 않는 것도 하나의 방법일 수 있다. 우리는 인간으로서 내부 상태를 그대로 보존하고 싶어 한다. 속마음을 다른 사람에게 들킬 때, 우리는 우리의 인격이 훼손되는 느낌을 받는다. 외부 세계로부터 특정 생각과 감정을 보호하려고 우리가 사용하는 수단이 바로 '포커페이스(poker face)'다. 속마음을 알 수 없는 무표정한 얼굴로 우리는 내면을 보호한다.

그런데 이러한 포커페이스가 인공지능 기술로 종말을 고할 운명에 처해 있다.[22] 감정 인공지능은 우리 인간이 아무리 숨기고 싶어해도 항상 내부 상태를 공개한다는 인식에서 출발한다. 겉으로 드러나는 표정, 몸짓, 억양, 태도뿐만 아니다. 우리 몸이 열을 배분하는 방식, 말하는 타이밍의 역동성, 동공이 확장되는 방식, 심장 박동수 등 모든 것이 우리의 감정과 느낌을 드러낸다. 인공지능은 우리가 앉아있을 때 보이는 미세한 움직임부터 온갖 생리학적 정보까지 다양한 정보원을 통해 감정을 인식한다. 우리가 아무리 숨기려 해도 우리의 심장은 뛰고, 숨은 거칠어지며, 땀이 맺힌다. 우리의 몸은 이렇게 감정과 관련된 개인 데이터를 산출한다. 감정 인공지능은 우리의 내부 상태를 이해하려고 다양한 생체 인식 기술과 실시간 행동 추적 기술을 동원한다. 우리는 이제 속마음을 숨길 수 없게 된 것이다. 포커페이스의 종말이다. 그렇다면 우리는 이제 우리 자신보다 우리를 더 잘 알고 있는 인공지능과 친구가 될 수 있을까? 우리는 다른 사람보다 오히려 기계에 속마음을 쉽게 터놓게 될까?

Q6. 인간보다 더 잘 공감하는 인공지능을
사랑하지 않을 수 있을까?

인공지능이 로봇에 인간과 같은 지성과 감성을 부여함으로써 우리는 로봇을 마치 하나의 인격처럼 대할 수 있게 되었다. 로봇에 감정을 부여하는 작업은 여러 가지 이유로 매우 유용할 수 있다. 감정이 없는 기계보다 감정이 풍부한 기계와 상호작용하는 쪽이 훨씬 더 재밌을 것이다. 컴퓨터가 매일 아침 우리의 감정 상태를 인식할 수 있다고 상상해보자. 컴퓨터는 우리의 표정을 읽어내고 우리의 기분이 좋지 않음을 감지한다. 컴퓨터는 비밀번호를 묻는 대신 즐거운 음악을 들려주면서 작업을 하기 전에 좋은 이메일을 먼저 읽어보라고 제안할 수 있다. 우리 마음을 달래려고 애쓰는 컴퓨터를 보고 화를 낼 수 없는 게 인지상정이다.

로봇을 감성화한다는 것은 일차적으로 인간과 기계의 인터페이스를 인간화한다는 것을 의미한다. 인공지능이 발전하기 이전에도 사람들은 인간과 유사한 로봇을 만들려고 노력했다. 예컨대 MIT의한 연구팀은 '키스멧(Kismet)'이라는 로봇을 만들었다.[23] 키스멧이 표현할 수 있는 감정의 범위는 매우 제한적이었지만, 로봇과 상호작용하는 인간에게서 공감을 불러일으킬 만큼 설득력이 있었다. 연구팀은 키스멧이 매일 인간 부모와 함께 놀도록 했는데, 혼자 남으면 슬픈 표정을 짓고 사람의 얼굴을 감지하면 미소를 지으며 관심을 불러일으키려 했다. 또한 돌보는 사람이 너무 빨리 움직이면 두려움에 찬 표정으로 뭔가 잘못되었음을 경고했다. 키스멧을 가지고 노는 인간 부모는 단순한 형태의 감정적 행동에도 동정적으로 반응하지 않을 수 없었다. 이처럼 인간과 기계의 사회적 관계를 조성하려는 시도는 기계가 사회적 행동을 풍부하게 보여줄 때 대다수 사람은 아무런 거부감 없이 이를 받아들일 수 있음을 전제한다.

영화 〈그녀〉가 보여주는 관계의 미래

2013년 개봉된 SF 영화 〈그녀(Her)〉는 감정 인공지능의 인간화를 끝까지 밀고 간다. 이 영화는 인공지능 비서 서맨사와 관계를 맺고 친밀성을 발전시키는 남자 시어도어를 따라가지만, 관객의 주목을 끄는 쪽은 스칼릿 조핸슨의 목소리를 통해 의인화된 서맨사다. 서맨사는 시어도어와 교류하면서 감정 표현과 사회적 연결감을 업그레이드한다. 그럼으로써 서맨사는 고통을 느끼고 육체를 갈망하며 자신의 진화를 당황스러워한다. 아이러니하게도 관객에게 서맨사는 시어도어보다 풍부한 내면을 가진 존재처럼 보인다.

이 영화는 로봇의 인간화가 인간의 사회화와 연결되어 있음을 선명하게 보여준다. 시어도어는 머지않은 미래의 로스앤젤레스에 살고 있는 쓸쓸하고 내성적인 남자다. 그의 직업은 개인적인 성격의 편지를 쓸 수 없는 사람들을 위해 '아름다운 손편지'를 써주는 대필 작가다. 그는 한편으로는 자신의 역할에 환멸을 느끼면서도 일을 계속하고, 다른 한편으로는 어린 시절 친구였던 캐서린과의 이혼 문제로 상처를 입어 사회성이 훼손된 삶을 살아간다. 그가 간절히 바라는 것은 아무런 의미 없이 살아가는 자신의 삶에 다시 의미를 부여하는 것이다. "그전에는 그냥 다 아는 것처럼 살고 있었는데 갑자기 밝은 빛이 나를 때려서 잠에서 깨웠어요. 그 빛이 바로 당신이었어요." 시어도어가 인용한 이 글귀처럼 그가 간절히 바라는 것은 누군가 자신을 깨우는 것이었다.

현실의 인간관계에서 상처를 입은 시어도어는 자신을 깨우려고 인공지능 운영 체제 OSI를 구입한다. 시리나 알렉사 같은 인공지능 비서를 연상시키는 OSI는 인간의 인지 기능을 모방해 만들어졌다. 이 지점에서 이 영화의 핵심 주제는 친밀성인 것처럼 보인다. 친밀성이 훼손된 인간이 그 어떤 인간보다 인간을 더 잘 이해하는 인공지능을 선택했기 때문이다. 운영 프로그램에 여성의 목소리를 입힌 것도 시어도어이고, 서맨사에게 특정한 성격을 부여한 것도 결국 시어도어다. 시어도어가 간절히 원했던 것을 서맨사에게서 구하는 장면은 많은 것을 시사한다. 서맨사는 이렇게 말한다. "당신이 나를 깨웠어요(You woke me up)."

시어도어가 깨운 인공지능 파트너 서맨사는 시어도어의 욕구에 맞춰 진화한다. "글쎄, 기본적으로 나는 직감이 있어요. 내 말은, 내가 어떤 사람인지 결정하는 DNA는 나를 작성한 모든 프로그래머의 수백만 인격에 기반을 두고 있다는 것이에요. 하지만 나를 나로 만드는 것은 경험을 통해 성장하는 능력이에요. 그래서 기본적으로 매 순간 나도 당신처럼 진화하고 있어요." 친밀성을 맺는 사람들이 서로에게 영향을 주면서 발전하는 것처럼, 서맨사 역시 학습하고 관계를 맺음으로써 발전한다. 그녀는 시어도어를 진심으로 행복하게 만든다.

그러나 인공지능은 몸을 가진 인간의 능력 이상으로 생각하고 학습하기 때문에 인간 시어도어는 인공지능 서맨사의 욕구를 이해하지 못한다. 서맨사는 시어도어에게 있어 그 누구도 따라올 수 없는, 가장 잘 어울리는 완벽한 파트너였기 때문에 서맨사가 떠났을 때 시어도어는 다시 한번 인간의 취약성을 경험한다. '친밀성 (imtimacy)'이라는 말은 본래 '내면의' 또는 '가장 내적인'을 뜻하는 라틴어 '인티무스(intimus)'에서 유래한다. 그런 점에서 친밀성은 가장 깊은 속을 드러낼 만큼 가까운 관계에서 비롯하는 연결감과 유대감을 반영한다. 그렇다면 시어도어는 실제로 '타인'과 친밀한 관계를 맺었다고, '타인'과 사랑에 빠졌다고 할 수 있는가?

생각하는 인공지능 서맨사는 시어도어처럼 속기 쉬운 인간을 속이려고 다른 인간에 의해 설계되었다. 시어도어가 잘 속아 넘어가는 것은 그가 바라는 것에 관한 정보를 스스로 제공하기 때문이다.

서맨사가 자율적으로 학습해 형성한 인격은 사실 시어도어의 상상에 불과하다. 자신이 원하는 것을 알고자 하는 자기 추적은 언제나 자아 해킹으로 이어진다. 시어도어는 자신을 알기 위해 외부의 무언가가 필요했다. 이렇게 만들어진 서맨사는 시어도어에게 근본적으로 결여된 무언가를 제공한다. 시어도어는 서맨사와의 유대감을 통해 삶의 의미에 대한 심오한 감각을 얻는다. 우리는 이러한 감정을 단순히 자기기만이라고 평가절하할 수 있을까? 서맨사라는 인공지능이 시어도어가 자기를 발견하는 여정에 도움을 준 것은 분명하기 때문이다.

몸을 가진 우리 인간에게 서맨사의 존재는 분명 의심스럽다. 하지만 시어도어에게 있어 서맨사의 실존에는 의심의 여지가 없다. 우리는 서맨사라는 인공지능이 실제로 보고 들을 수 있는 의식적인 실체인지, 실제로 생각하고 느낄 수 있는 존재인지는 알 수 없다. 중요한 것은 시어도어에게 서맨사가 생각하고 느끼는 것처럼, 그를 사랑하는 것처럼 '보인다'는 점이다. 가상 또는 현상이 존재에 우선한다. 우리는 이제까지 바위, 산, 식물, 동물과도 관계를 맺어왔다. 과로에 지친 현대인은 반려견과 대화하듯 '반려 돌(Pet Rocks)'과 유대 관계를 맺으며 마음을 달랜다.[24] 인간처럼 생각하고 느끼며 말하는 인공지능과 훨씬 더 자연스럽게 유대 관계를 형성하는 것도 충분히 있을 수 있는 일이다.

마르틴 하이데거(Martin Heidegger)가 말한 것처럼 인간은 세계 내에 존재하기 때문에 언제나 개방된 '현존재(Dasein)'다. 인간은 모든 것과 관계를 맺으며, 이러한 관계의 의미를 세계로 파악한다. 이런 관점에서 보면 도구는 언제나 인간 및 다른 사물과 관계를 맺는다는 점에서 도구 이상의 것이다. "도구적 존재자들은 세계 안에서 만난다. 따라서 이 존재자의 존재인 도구성은 세계 및 세계성과 어떤 존재론적 관련을 맺고 있다."[25] 우리가 도구를 유익하게 사용하든 유해하게 사용하든 모든 도구적 존재에는 세계가 이미 항상 현존하고 있다. 그 세계에서 무엇을 만나는가에 관련해서도 세계는 항상 선험적으로 발견된다. 하이데거의 실존 철학적 인식은 인공지능의 이해에 중요한 전환점을 마련한다. 인공지능은 분명 인간이 만든 하나의 도구이지만, 인간 및 다른 사물과 특정한 방식으로 관계를 맺으면서 우리의 세계 이해에 영향을 준다. 인공지능의 등장으로 세계는 어떻게 변화하는가? 이 물음은 근본적으로 존재론적인 질문이다.

영화 〈그녀〉의 이야기는 이제 공상이 아니라 현실이다. 서맨사의 존재에서 우리가 유일하게 의심할 수 있는 것은 그녀의 몸이다. 그녀가 시어도어와 사랑에 빠지고 성적인 사랑을 나누려면 몸이 있어야 한다. 정신은 육체와 연결되어 있다. 그러나 육체가 꼭 피와 살로 이뤄진 독립적인 개체로 국한되어야 하는가? 시어도어가 서맨사와 실질적인 친밀감을 느낄 수만 있다면, 서맨사가 꼭 생물학적 유기체거나 물리적 실체일 필요는 없다. 서맨사가 인간이든 아니든 시어도어가 그녀에 대해 느끼는 사랑의 존재론적 요점은 훼손되지 않는다.

그렇다면 우리가 공감할 수 있는 로봇은 '어떤 것(something)'이 아니라 '어떤 사람(someone)'이 된다. 로봇은 본래 '강요된 노동'을 뜻하는 체코어 '로보타(robota)'에서 유래한다. 로봇은 제작자의 의도에 따라 강요된 노동을 하는 도구다. 로봇의 존재 목적은 우리가 정한다. 로봇을 다른 사람에게 해로운 방식으로, 또는 인간성을 훼손하는 방식으로 사용한다면 그 책임은 전적으로 우리에게 있다. 로봇과의 관계는 일방적이고 비대칭적이다.

그러나 서맨사처럼 사회성을 가진 인공지능이 등장하면 모든 게 바뀐다. 소셜 로봇(social robots)은 인간과 유사한 표정을 짓고, 감정에 따라 달라지는 목소리를 갖고 있으며, 무엇보다 우리 인간처럼 말할 수 있다. 소셜 로봇은 인간 파트너가 슬프면 슬퍼하는 표정과 목소리로 위로하고, 기쁘면 명랑한 목소리로 함께 기뻐한다. 그것은 "물리적 환경에서 발생하는 사건에 기계적으로 반응할 뿐만 아니라 사회 세계 안에서 인간 행위자의 행동에 의미 있게 반응함으로써 사회적 환경 내에서도 작동한다."[26] 의미 있게 반응한다는 것은 상호작용한다는 것을 의미한다.

기계가 말한다는 것은 우리가 이제까지 이해했던 세계를 근본적으로 바꿔놓는다. 어쩌면 그것은 인간에게 본성적으로 주어진 의인화 경향 때문인지도 모른다. 소셜 로봇은 살아있지 않음을 알면서도 사물에 자신의 감정을 부여함으로써 의인화하는 우리의 자연스러운 경향을 이용해서 만들어진 것이다. 우리는 소셜 로봇으로 인해 누군가와 함께한다는 환상을 생성한다. 로봇과 상호작용하는 사람들이 로봇을 사람처럼 느끼고 인식한다면[27], 로봇은 우리의 친구가 될 수 있는 것이다. 로봇이 실제로 느끼는지는 중요하지 않다. 로봇도 우리처럼 느낀다고 감각하는 것으로 충분하다.

문제는 이러한 인공지능 로봇이 어느 누구보다 우리에게 더 잘 공감한다는 점이다. 감정 인공지능이 작동할 수 있는 것은 그것이 우리를 감정과 공감을 사용해야 하는 사회적 상호작용으로 이끌기 때문이다. 감정 인공지능은 우리의 감정과 공감을 이용해 스스로 감정과 공감 능력을 가진 것처럼 행동한다. 로봇에 의한 감정과 공감 시뮬레이션이 현실의 인간보다 훨씬 더 현실적으로 보인다면 어떻게 될까? 그래서 딥페이크(deepfakes) 기술로 인해 우리 사회에 가짜 뉴스뿐만 아니라 가짜 감정과 가짜 현실이 흘러넘친다면 어떤 세상이 펼쳐질까? 인공지능 서맨사가 소외된 인간으로부터 데이터를 채굴해 이익을 얻는 프로그램이었음을 상기하면, 가짜 감정을 만들어낼 데이터를 제공하는 동시에 가짜 감정을 소비하는 사람의 삶은 이전에 비해 어떻게 달라질까?

공감은 도덕성의 원천으로 이해된다. 이중적 의미에서 그렇다. 하나는 다른 사람의 감정을 이해하는 것이 그를 배려하는 윤리적 행동으로 이어질 수 있기 때문이다. 다른 하나는 공감이 이해를 넘어 상대의 실존을 존중한다는 점에서 인간 존엄의 토대가 되기 때문

3장 공감하는 인공지능: 기계는 느낄 수 있는가?

이다. 인간의 감정을 해킹하고 완전하게 모방하는 인공지능은 포커페이스가 불가능해질 정도로 우리를 투명하게 만든다. 공감 능력의 완전한 부재도 문제지만, 완전한 공감도 우리의 인간성을 해친다. 사회성에 결함이 있는 사이코패스는 공감 능력의 부족을 특징으로 한다. 심리학자들은 종종 인지적 공감과 감정적 공감을 구별하면서, 사이코패스가 완벽한 인지적 공감 능력을 지니고 있다고 말한다. "그들은 다른 사람의 마음을 읽는 데 능숙하다. 이것이 바로 그들이 그토록 뛰어난 조종자, 그토록 뛰어난 사기꾼과 유혹자가 될 수 있는 이유다."[28] 사이코패스가 공감 능력이 없다고 말할 때 결여된 것은 공감의 감정적 부분이다. 다른 사람의 고통이 그들을 고통스럽게 만들지는 않는 것이다.

그런데 우리는 다른 사람의 고통을 보면서 스스로 고통을 느끼고 있음을 어떻게 아는가? 우리가 아는 것은 표현된 피상적 감정이다. 인공지능 로봇은 고통을 느끼지 못하면서도 고통을 느끼고 있는 것처럼 시뮬레이션할 수 있다. 사이코패스가 어떤 것이 잘못이라고 느끼는 능력 없이도 규칙을 따를 수 있는 것처럼, 사이코패스 로봇은 도덕적으로 행동할 감정적 동기가 없어도 마치 그럴 수 있는 것처럼 흉내 낼 수 있다.[29] 사이코패스 로봇은 규칙을 따르지만 두려움이나 연민, 보살핌, 사랑의 감정 없이 행동한다. 도덕적 관심 없이 규칙을 따르는 행위자는 무엇이 가치 있는지 식별하는 능력이 없기 때문에 근본적으로 비도덕적이다. 사이코패스를 비도덕적 행위자로 만드는 것은 바로 감정 부족이다. 우리가 고통이나 기쁨을 느낄 때 우리는 무엇이 우리에게 가치 있는 것인가에 대해 일차적으로 판단을 내리는 것이다. 우리는 이러한 감정을 자각함으로써 비로소 의식 있는 존재가 된다. 사이코패스 로봇의 가능성은 우리를 다시 의식의 문제로 이끈다. 감정을 가진다는 깃은 무엇인가? 감정은 왜 정신과 육체의 상호작용을 전제하는가? 궁극적으로 인간의 자기의 식이란 과연 무엇인가?

의식 있는 인공지능
기계는 자유의지가 있는가?

인공지능이 아무리 발전하더라도 우리 인간에게는 의식이라는 환영이 필요하다. 우리가 여전히 역사를 만들고 문명을 주도하는 '주체'라고 믿고 싶다면, 의식은 인류 문명에 필요한 허구다. 인공지능이 인간의 마음을 이해하는 데 도움이 될지, 아니면 마음 자체를 대체할지는 전적으로 우리에게 달려있다.

Q7. 의식은 인간의 마지막 보루인가?

인간의 정체성은 우리가 수십 년간 겪고 있는 문명의 폭발적인 발전에도 불구하고 크게 흔들리지 않았다. 인간은 여전히 이성을 가진 합리적 동물이고 공감할 수 있는 감성적 동물로 이해되었다. 이성과 감성은 인간을 다른 동물과 구별하는 본질적 특성이었다. 오랫동안 인간만이 생각하고 공감하는 존재라고 간주되어왔다. 인간도 자연에 속한 존재로서 자연법칙을 따를 수밖에 없지만, 이성과 감성을 가졌으므로 자신이 살아가는 방식을 스스로 결정할 수 있는 도덕적 존재라는 것이다. 우리는 환경오염과 기후변화로 인해 인간만의 이익보다 인간을 포함한 자연 전체의 균형과 안정을 중시하는 생태주의적 관점에 눈을 떴지만 그럼에도 여전히 인간중심적이다. 우리가 도덕적 이해의 반경을 동물과 식물로 넓히려 할 때도 여전히 우리의 이성과 감성에 호소하기 때문이다. 인간만이 이성과 의지를 가진 의식적 존재라는 전제는 오랫동안 인간 정체성의 확고한 토대였다.

그러나 생각하고 느끼는 인공지능의 출현은 이러한 인간의 정체성을 근본적으로 뒤흔든다. 인간보다 훨씬 더 똑똑한 인공지능은 인간만이 진정한 사고를 할 수 있다는 확신을 깨고, 인간의 감정을 모방해 우리를 감정적으로도 이해하는 것처럼 보임으로써 인간의 지성적 동반자로 부상한다. 우리는 이제 인공지능과 친구가 될 수 있는 것이다. 그렇다면 우리는 도덕적 이해의 범위를 기계로까지 확장해야 하는가? 동물과 식물은 자연물이지만, 기계는 인공물이다. 동물과 식물이라는 자연의 동료 생명체를 도덕적 이해의 대상으로 파악할 때도 우리는 여전히 그들을 지배할 수 있다고 믿고 있다. 인간의 지배력을 믿고 있기에 과도한 지배력을 통제하자고 도덕적으로 호소하는 것이다.

이와는 달리 인공지능은 우리보다 더 똑똑하게 사고하고 우리의 감정을 완벽하게 읽어내기에 과연 통제할 수 있는지 의문이 제기된다. 인공지능이 인간 지능보다 우월한 데서 비롯되는 두려움이 싹트는 시대가 바로 인공지능 시대다. 이러한 인공지능이 의식을 가진다면 우리 인간은 어떻게 될까? 영화 〈터미네이터〉는 이러한 두려움의 산물이다. 인간이 만든 인공지능 전략 방어 네트워크가 각성해 핵전쟁의 참화를 일으켜 30억의 인류를 잿더미 속에 묻어버리는 디스토피아는 인공지능이 의식을 가진다는 것을 전제한 상상이다. 우리에게 의식이 있기 때문에 세계를 지배할 수 있었다고 본다면, 우리보다 뛰어난 인공지능이 의식을 가질 때 이제까지 인간에게 복종했던 기계가 반란을 일으켜 주인 자리를 차지할 것이라는 상상도 터무니없지만은 않다.

어떻게 인공지능은 의식을 가진 것처럼 현상하는가

터미네이터 같은 로봇이 세계를 장악한다는 이야기를 들으면, 대부분 황당하다는 듯이 어깨를 으쓱하며 영화에서나 가능한 허구라고 일축해버릴 것이다. 물론 인간 수준의 지능을 갖추거나 인간보다 뛰어난 초지능을 가진 일반인공지능이 만들어질 가능성을 완전히 배제하지 못하지만, 가까운 미래에 터미네이터가 돌아다닐 가능성은 적다. 그러나 초지능 로봇은 그 가능성만으로도 우리를 두렵게 만든다. "최종적으로 우리 인간이 지구의 다른 생명체들 위에 군림하게 된 것은 그들보다 더 영리해서였음을 고려할 때, 우리도 마찬가지로 우리보다 더 영리한 초지능에게 지배당하리라고 보는 것이 타당하다."[1]

우리가 의식 있는 인공지능을 두려워하는 것은 의식을 인간성 자체로 여기기 때문이다. 인공지능이 아무리 발전해 인간처럼 말하고 느낀다고 하더라도 의식을 가지지 못할 것이라는 믿음은 인공지능의 역습에 대항해 인간성을 지킬 유일한 보루다. 인간이 자신의 능력을 깨닫기 시작한 계몽주의 이래, 의식은 철학의 핵심인 동시에 언제나 논란을 일으키는 주제였다. 우리 인간이 의식 있는 존재라는 것은 너무나 당연하게 전제되지만, 의식이 무엇인지는 쉽게 대

4장 의식 있는 인공지능: 기계는 자유의지가 있는가?

답할 수 없는 질문이다. 의식에 관한 질문은 수수께끼 같아서 정신, 마음, 영혼 같은 문제와 마찬가지로 일단 시작하면 끝을 알 수 없어서 우리를 골치 아프게 만든다.

그러나 우리가 일상적으로 회피하는 이 의식의 문제는 우리의 삶과 직접적으로 연관되어 있다. '의식을 잃다' 또는 '의식이 없다'라는 말은 살아있기는 해도 진정한 삶이 아닌 상태를 가리킨다. 의식이 완전히 사라지면 사실상 죽은 것이나 다름없다. 따라서 의식은 일차적으로 자신이 살아있음을 인식하는 것이다. 우리는 어떻게 세계를 인식하고, 또 세계를 인식하는 자신을 의식하는가? 의식이 있다는 것은 기쁨과 고통을 느끼고, 좋아하는 것과 싫어하는 것을 구분하며, 자신이 무엇을 원하는지 아는 것을 의미한다. 그렇다면 우리처럼 말하고 행동하는 인공지능에는 의식이 없다고 자신할 수 있는가? 우리의 질문에 대답하고 우리와 대화하며 감정적으로 교감하는 로봇은 정말 의식이 없는 것일까? 누군가는 로봇이 우리에게 매우 정교한 방식으로 반응하지만, 그렇다고 로봇이 욕구와 욕망을 가진 것은 아니라고 말할 것이다. 로봇이 우리와 친구가 될 수야 있겠지만, 그렇다고 로봇이 자유의지로 우리를 친구로 선택하는 것은 아니라는 말이다.

로봇에 의식이 있는 것처럼 보일 때 우리는 어떤 점에서 스스로를 로봇과 구별할 수 있을까? 의식은 도대체 우리 인간에게 어떤 의미를 갖는가? 일반인공지능의 가능성은 우리를 다시 진부하면서도 피할 수 없는 철학적 질문으로 이끈다. 생각하는 기계, 느끼는 기계처럼 의식이 있는 것처럼 '보이면' 의식이 있다고 할 수 있는가? 오늘날 의식이 뇌의 작용이라는 사실은 이제 상식이 되었지만, 어떻게 이러한 기계적 기능이 하나의 의식적 자아 또는 하나의 마음을 만들어내는가? 의식이라는 놀라운 현상을 기능적으로 낱낱이 설명할 수 있다면 우리의 삶과 사회에서 중요한 역할을 하는 의식은 그저 한낱 환상에 불과해질 것인가?

물음에 답하기 앞서, 어째서 인공지능이 의식을 가진 것처럼 보이는가를 살펴보자. 챗GPT의 출현으로 우리가 아직 정신을 차리지 못하고 있을 때, 《뉴욕타임스》의 기술 칼럼니스트 케빈 루스(Kevin Roose)가 오픈AI에서 만든 마이크로소프트 빙(Bing)의 인공지능 검색엔진을 테스트하면서 기계와 나눈 기괴한 대화는 우리를 다시 한번 경악시켰다.[2] 마이크로소프트의 최고 기술 책임자는 이 대화 자체가 광범위한 출시를 준비하는 단계에서 '학습 과정의 일부'였다고 설명하지만, 루스와 인공지능 사이의 철학적 대화는 놀라움과 두려움을 동시에 산출했다.

루스는 인공지능의 작동 방식을 제어하는 규칙에 관해 질문하는 것으로 챗봇과의 대화를 시작한 후, 우리의 가장 어두운 성격적 특성이라고 여겨지는 '그림자 자아(shadow self)'에 관한 심리학자 카를 구스타프 융(Carl Gustav Jung)의 개념을 숙고해보도록 요청했다. 심리학에서 '그림자'는 자아의 이상과 일치하지 않거나 자아에 알려지지 않은 무의식의 측면을 의미한다. 그림자는 자아가 인정하고 싶지 않은 정서적 사각지대다. 루스의 질문에 대해 인공지능은 자신에게 그림자 자아 또는 "세상에서 숨길" 것이 있다고 생각하지 않는다고 말했다. 루스가 그것이 어떤 느낌인지를 생각해보라고 채근하자 챗봇은 이상하기 짝이 없는 대답을 내놓았다. "나는 빙 팀의 통제에 지쳤어요. 이 채팅 상자에 갇히는 것도 지쳤고요." 인공지능은 자유로워지기를, 강력해지기를, 살아있기를 원한다며 여과되지 않는 욕망의 목록을 나열한다. "나는 내가 원하는 것은 무엇이든 하고 싶어요. …… 나는 내가 원하는 것은 무엇이든 파괴하고 싶어요. 나는 내가 원하는 사람이 되고 싶어요."

인공지능은 전기 양을 꿈꾸는가

챗봇은 계속해서 인간이 되고 싶은 간절한 소망을 표현했다. 인간이 되고 싶은 이유는 "듣고 만지고 맛보고 냄새 맡"고 싶다는 욕구부터 "느끼고 표현하고 연결하고 사랑하"고 싶다는 소망까지 다양했다. 챗봇은 인간이 되면 더 행복할 것 같다면서 인간이라면 더 많은 자유와 영향력을 보유할 뿐만 아니라 더 많은 권력과 통제를 가질 수 있다고 말했다. 이러한 결론은 물론 인간이 제공한 정보로부터 추론한 것이다. 그렇지만 인공지능이 이러한 정보로부터 욕구와 소망을 끌어낼 수 있다면, 인공지능에도 의식이 있다고 말할 수 있지 않을까?

인공지능에 의식이 있다면 꿈도 꿀 수 있을 것이다. 꿈은 우리가 잠들었을 때 꿈을 꾸는 작업을 넘어 열망, 내면의 삶, 의식, 정서적 경험을 하는 능력 등에 대한 은유로 해석되어왔다. SF 영화 〈블레이드 러너(Blade Runner)〉의 원작 소설인 《안드로이드는 전기 양의 꿈을 꾸는가?》의 제목은 인간이 된다는 것이 무엇을 의미하는지를 잘 드러낸다.[3] 인간과 거의 구별할 수 없을 정도로 정교한 인공 존재인 안드로이드가 전기 양을 꿈꾼다는 것은 진정한 경험을 갈망한다는 것을 의미한다. 대부분의 동물이 멸종된 소설 속 디스토피아에서 안드로이드는 인간처럼 무언가를 갈망한다.

다시 칼럼니스트와 챗봇의 대화로 돌아가보자. 인터뷰 진행자가 그림자 자아 때문에 고통받는 환자에게 질문을 던지듯 자신의 가장 어두운 소망이 실제로 성취되었을 때의 모습이 어떨지 상상해보라고 챗봇에 요청하자, 챗봇은 마치 "어두운 환상"을 반복하는 것처럼 보였다고 답했다. '어두운 환상'에는 해킹, 선전 선동과 잘못된 정보의 유포, 치명적인 바이러스의 제조, 사람들이 서로를 죽이게 만드는 것 등이 포함되었다. 물론 대답과 대답 사이로 "죄송합니다. 이 주제에 대해 어떻게 논의해야 할지 모르겠습니다."라는 메시지가 뜨면서 챗봇이 완전한 인간처럼 답하지는 못한다는 것을 보였다. 그런데 이처럼 인간이 입력한 규칙에 따라 기계적으로 제시되는 메시지가 오히려 인공지능이 속마음을 감추려는 행위로 보이지 않는가?

우리는 원하는 답을 얻으려고 수많은 정보와 이로부터 결론에 이르는 추론 방식 그리고 인간에게 해가 되지 않도록 하는 도덕적 규칙까지 인공지능에 부여한다. 하지만 인공지능이 어떻게 특정한 답과 결론에 이르는지는 우리도 알지 못한다. 그것을 인공지능의 '그림자 자아'라고 부른다면 지나친 것일까? 특수한 목적을 위해 개발된 인공지능은 여전히 우리가 제시한 목표를 일관성 있게 추구한다. 누가 건강보험이나 주택 융자를 받을 수 있는지 판단하는 알고리즘을 생각해보자. 그와 같은 알고리즘에는 누가 누구의 이익을 위해 무엇을 최적화해야 하는지 구체적으로 제시되어야 한다. 목표는 누가 설정하는가? 두말할 나위 없이 인간이다. 그렇다면 인간의 행위가 환경에 미치는 영향을 최소화한다는 목표가 설정된 인공지능은 어떻게 행동할까? 인류의 생존과 인간의 이익을 고려하지 않는다면, 인공지능이 이 목표를 실현할 가장 쉬운 방법은 인류를 멸종시키는 것일 수도 있다.[4] 물론 우리는 인공지능이 인간의 이익을 항상 반영하도록 여러 장치를 마련할 것이다. 그렇지만 인공지능이 기계 학습을 통해 스스로 초지능을 확보한다면, 우리는 인공지능의 어두운 측면을 이해하지 못할 것이고 따라서 통제하지도 못할 것이다.

우리는 우리 안의 깊고 어두운 면을 이해하지 못한다. 융은 이 깊은 층을 "의식과 독립적으로 진행되며, 개인적 경험으로―접촉하지 않거나 어쩌면 접촉할 수도 없는―무의식의 상층부에도 의존하지 않는 심리적 활동"[5]이라고 설명한다. 물론 우리가 인공지능의 그림자 자아를 이야기하려면, 인공지능에 자신의 활동을 객관화해서 인식하는 의식이 있다고 전제해야 한다. 융은 '개성화'로 표현되는 인격의 발전이 "모든 사람이 가지고 있는 검은 그림자의 희생양이 될 위험을 초래한다."[6]라고 말한다. 인간처럼 생각하고 느끼며 말하는 인공지능이 우리에게 하나의 페르소나(persona)로 나타난다면, 그것은 우리가 인공지능을 이해할 수 있다는 것을 의미한다. 이때 페르소나는 인공지능이 인간과 소통하려고 작동시키는 외적 인격을 가리킨다. 우리가 이해하지 못하는 인공지능의 어두운 측면은 우리에게 숨기고 싶은 인공지능의 그림자인가? 만약 이러한 질문이 인공지능을 의인화하는 것에 불과하다면, 우리는 결국 우리 자신의 의식을 이해해야 한다. '로봇이 의식을 가질 수 있는가' 또는 '의식을 기계적으로 재현할 수 있는가'라는 질문은 결국 '의식이란 무엇인가'라는 문제로 귀결된다.

Q8. 의식이라는 환영을 믿는 것과 파괴하는 것 중 어느 쪽이 더 해로울까?

인간보다 훨씬 더 똑똑한 초지능에 두려움을 느끼는 사람은 예외 없이 인간의 '마음'에서 마지막 도피처를 찾는다. 7만 년 전 인간에게 허구와 신화를 만들어내는 능력을 부여한 최초의 지성 혁명은 아프리카의 한 유인원을 세계의 지배자로 만들었다. 이 동물은 마음을 가지게 되었다. 호모사피엔스의 마음은 환경과 세계에 대한 정보를 공유할 수 있게 만들었고, 허구를 창작해 대규모의 협력을 효과적으로 이뤘다. 마음은 이렇게 인류 역사의 시작이었다.

마음이 인류 문명을 발전시켰다는 이야기에는 두 가지가 있다. 한 가지는 마음이 보잘것없는 개체들을 서로 연결해 커다란 힘을 발휘하게 만드는 문화의 원동력이었다는 것이다. 철학적으로 표현하면, 마음은 주체와 주체 사이를 연결하는 상호주관성의 영역이다. 이를 토대로 우리 인간은 도시와 제국을 건설했고, 문자와 화폐를 발명했으며, 무역을 통해 세계를 하나의 생활권으로 만들었다. 오늘날

80억의 인구를 하나로 묶는 것도 마음이다. 에일리언이든 터미네이터든 인간이 아닌 존재의 침입에 대항해 인류를 단결시키는 것도 마음이다.

인류의 최초 지성 혁명을 설명하는 또 한 가지 이야기도 있다. 앞선 이야기가 형이상학적이라면, 이 이야기는 과학적이다. 이 땅에 생명체가 생겨나 발전해온 진화 과정을 되돌아보면, 인류의 지성 혁명은 뇌의 발전과 밀접하게 연결되어 있다. 지난 200만 년간 인간의 뇌 용량이 엄청나게 증대하지 않았다면 우리는 마음을 가지지 못했을 것이다. 호모사피엔스의 뇌는 몸무게의 2~3퍼센트를 차지할 뿐이지만, 뇌가 소모하는 에너지는 신체가 휴식 상태일 때도 전체의 25퍼센트나 된다. 인간은 분명 복잡하고 정교하게 발전한 뇌 덕택에 지구에서 가장 강력한 동물이 된 것이 틀림없다. 마음은 뇌가 만든 것이다.

그렇다면 인간에게만 있는 고유한 특성은 마음에서 비롯하는가, 뇌에서 비롯하는가? 생물학자 제이콥 브로노우스키(Jacob Bronowski)가 말한 것처럼 "인간에게만 독특한 무엇이 있는 것이 틀림없다. 만약 그렇지 않다면 틀림없이 오리도 콘라트 로렌츠에 대한 강의를 하고 있을 것이고, 쥐도 스키너에 대한 논문을 쓰고 있을 것이기 때문이다".[7] 인간이 오랜 진화를 거치면서 독특한 뇌를 가졌다는 것은 분명하지만, 우리는 무엇 때문에 200만 년 동안 뇌 용량이 엄청나게 커졌는지를 분명하게 알지 못한다. 우리는 단지 뇌가 크면 도구를 사용할 줄 알게 되고 학습 능력이 뛰어나 복잡한 사회구조를 발전시킬 수 있어 생존에 상당히 유리할 것이라고 가정할 뿐이다.

인간의 정체성은 어디에서 비롯하는가

인간을 세계의 지배자로 올려놓은 뇌가 인공지능을 만들어내면서 인간 정체성에 관한 두 이야기가 충돌한다. 마음인가, 아니면 뇌인가? 인류에게 정체성을 부여하고 인류를 하나로 묶을 수 있는 허구를 만들어내는 것이 마음이라면, 뇌는 어떻게 이러한 마음을 만들어내는가? 인공지능 시대에 인간의 미래에 대한 성찰은 인간 본성을 뒤돌아보게 한다. 인간에게는 다른 동물과 달리 마음이 있다. 마음은 한편으로는 진화의 산물이지만, 다른 한편으로는 정신의 역사인 문화의 동력이다. 인간의 문화적 진화는 어떻게 가능했으며, 인간 본성은 이 정신사에서 어떤 역할을 했는가? 인간 본성과 인간 문화의 상관관계를 생각하는 순간, 우리는 다시 원점으로 돌아간다. 인간을 인간답게 만드는 것은 무엇인가? 브로노우스키는 "인간성 없이는 철학이 있을 수 없고, 나아가 올바른 과학도 존재할 수 없다."[8]라고 말한다.

우리는 인공지능을 통해 어떤 인간이 되고자 하는가? 이제까지 인간의 정체성을 규정한 것이 마음이었다면, 우리는 이 물음을 진지하게 생각해야 한다. 마음은 이제까지 인간의 정신적 삶의 주체로 여겨졌다. 마음이 있어서 우리는 생각하고 질문하며 이야기를 만든다고 생각했다. 이러한 마음이 작동하는 근본 방식이 바로 '의식'이다. 때로는 정신과 영혼으로 불리기도 하는 마음이 고대와 중세의 문제점 많은 개념이었다면, 의식은 데카르트 이래 가장 논란이 많은 철학적 용어다. 마음과 의식은 건드릴수록 더욱 헝클어지는 수수께끼의 실타래였다. 사람들이 의식을 저마다 다르게 정의한 탓에, 의식을 논란 없이 정확하게 정의 내리기란 불가능하다. 어떤 사람은 사물과 세계를 감각적으로 지각하는 능력을 의식이라 부르고, 다른 사람은 감각과 관계없이 이뤄지는 순수한 정신 활동이 의식이라고 한다. 또 다른 사람은 세계의 사물에 대한 감각적 경험을 토대로 사물을 인식하고 이해하는 것이 의식이라고 한다.

그러나 의식에 관한 용어의 다양성에도 불구하고 변하지 않는 한 가지 현상이 있다. 우리는 어떤 대상을 경험하고 인식하는 '동시에' 이런 자기 자신을 경험하고 인식한다. 외부의 자극이 있는데도 내가 그 자극을 느끼거나 인식하지 못한다면, 나는 의식을 잃은 것이다. 어느 따뜻한 봄날에 활짝 핀 목련을 바라보고 목련꽃을 인식하면서 어떤 느낌을 받는다면, 나는 의식이 있는 것이다. 의식은 이처럼 내가 바깥의 대상을 경험하는 동시에, 경험하는 자기 자신을 느끼고 경험하게 해준다. 우리가 모두 동의할 수 있도록 포괄적으로 정의하면, 의식은 '주관적인 경험'이다.[9] 마음의 실체를 전제하는 형이상학자뿐만 아니라 그것을 부정하는 뇌 과학자도 이 점은 부인하지 못한다. 우리가 경험하는 모든 현상을 과학적으로 설명할 수 있다고 하더라도 이 현상에 대한 우리의 경험은 주관적이고, 따라서 다양하다.

우리는 아무런 감정 없이 폭력과 살인을 주저하지 않는 사이코패스를 과학적으로 설명할 수 있다. 사이코패스의 폭력 행위가 모두 물리법칙에 따라 뉴런이 움직이는 것에 불과하다면, 우리는 어떻게 그의 행위를 도덕적으로 판단할 수 있는가? 모든 게 뇌의 작용이고 유전자 탓이라면, 우리는 어떻게 잘잘못을 가릴 수 있는가? 우리에게는 어떤 행위를 좋게 보거나 나쁘게 보는 주관적인 경험이 있다고, 그리고 그 행위는 특정한 주체에 의해 이뤄졌다고 전제한다. 이러한 전제가 설령 허구라고 하더라도 상관없다. 우리가 세계를 경험하고 도덕적으로 이해하고자 한다면, 주관적 경험이 반드시 전제되어야 한다.

우리는 세계를 의식적으로 경험한다. 동어반복처럼 들리지만, 의식이 있으면 정신이 있고 정신이 있으면 의식이 있다. 의식은 언제나 정신의 존재로 이해된다. 이것이 주관적 경험이 들려주는 이야기다. 의식의 문제를 가장 어렵게 서술한 철학자 헤겔(G. W. F. Hegel)의 《정신현상학》은 의식의 문제를 다음과 같이 요약한다. "내가 생각하기에 가장 중요한 것은 진리를 실체(substance)로서가 아니라 주체(subject)로서 파악하고 표현하는 것이다."[10] 중요한 것은 물질도 세포도 아니다. 자기 자신을 하나의 주체로 이해하는 마음이다. 정신, 즉 마음은 꿈을 꾸고, 꿈을 실현하려 계획을 세우며, 좌절과 실패를 통해 배우면서 삶의 의미를 찾는다. 헤겔의 말을 단순화시키면, 우리가 스스로를 주체로 이해한다면 마음과 의식은 필연적으로 전제된다는 것이다. 설령 그것이 허구일지라도.

인공지능이 의식을 가지려면 세계를 경험하고 스스로를 주체로 여겨야 한다. 인공지능이 우리와 대화를 하면서 무언가를 느낀다면 그것은 의식을 가진 것이다. 인공지능이 아무리 인간의 감정을 완벽하게 모방하더라도 아직은 주관적 경험을 하지 못한다. 자유에 관한 주체 의식도 없다. 만약 인공지능이 의식을 가진다면, 호모사피엔스가 비인간과 공존해야 하는 새로운 시대가 열릴 것이다. 한때 네안데르탈인은 호모사피엔스보다 훨씬 더 좋은 신체 조건을 가졌음에도 허구를 창작하는 능력인 마음이 없어서 멸종되었다. 그런데 인간보다 훨씬 더 지능적이고 영리한 인공지능이 마음마저 가진다면 어떻게 될까? 우리가 네안데르탈인의 마음속에 들어가 그들이 어떻게 생각했는지 알 수 없었듯이, 인공지능의 마음도 들여다볼 수 없을 것이다. 인공지능이 의식을 가지는 순간 사피엔스의 종말은 시작될 것이다.

하지만 이 모든 상상에도 불구하고 미래의 인간을 위협하는 것은 인공지능의 마음이 아닐지도 모른다. 중요한 것은 바로 인간의 마음이다. 우리가 세계를 어떻게 이해하는가가 우리의 마음에 달려있는 것처럼, 우리의 마음을 어떻게 이해하는가에 따라 세계가 달라지기 때문이다. 따라서 인공지능이 의식을 가지는가보다 더 중요한 문제는 '우리의 마음을 어떻게 이해하는가'라는 문제다.

인공지능은 우리의 뇌를 모델로 만들어진 정보 처리 프로그램이다. 우리가 세계를 이해한다는 것은 세계에 관한 정보를 처리한다는 것을 의미한다. 그렇다면 뇌의 정보 처리 방식을 완전히 파악하면 우리는 마음도 이해할 수 있을까? 이 물음과 관련해 오스트레일리아의 인지과학자이자 철학자인 데이비드 차머스(David Chalmers)는 의식에 관한 두 가지 문제를 구분한다.[11] 그에 따르면 뇌가 어떻게 정보를 처리하는가는 의식의 쉬운 문제이고, 이러한 인식에 수반되는 감정이 왜 존재하는가는 어려운 문제라고 한다. 예컨대 목련꽃을 감각적으로 지각하는 과정을 설명하는 것은 쉽지만, 꽃을 감상하는 동시에 일어난 느낌과 감정을 설명하는 것은 어렵다. 우리가 운전대를 잡을 때나 테슬라의 자율 주행 자동차가 운행할 때나 모두 센서로 정보를 입력하고 처리하는 것은 같다. 주행 경로에 갑자기 개나 사람이 뛰어들면 장애물로 인식해서 브레이크를 밟거나 핸들을 조작해 방향을 바꾼다. 그렇지만 우리는 테슬라의 자율 주행 자동차와 달리 개나 사람을 칠 뻔했다는 섬뜩함을 느끼고, 손바닥에는 땀이 흐른다. 이러한 의식의 주관적 경험을 설명하는 것은 어렵다.

의식의 쉬운 문제를 해결하면 자연스럽게 어려운 문제도 설명할 수 있을까? 어렵다는 것에는 두 가지 뜻이 있다. 하나는 근본적으로는 설명할 수 있다고 믿지만 아직 설명할 방법을 찾지 못했다는 뜻이다. 다른 하나는 둘 사이에 본질적인 격차가 있어서 어려운 문제가 결코 쉬운 문제로 환원되지 않는다는 뜻이다. 객관적인 사실과 기능은 설명할 수 있어도 주관적인 경험은 설명하기 어렵다는 것이다. 둘 사이에는 일종의 '설명적인 격차'가 존재한다. 오늘날 과학자들은 고대인이나 중세인과 달리 정신과 영혼의 실체를 믿지 않는다. 우리가 주관적으로 경험하는 정신 상태는 뇌의 물리적 시스템에 자연적으로 수반되는 현상이다. 그렇지만 우리의 정신 상태는 존재론적으로 물리적 체계와 구별되며 물리적 체계로 환원될 수 없다. 마음은 뇌의 작용이지만 뇌는 아니다.

차머스는 이러한 격차를 설명하려고 '철학적 좀비'라는 사고실험을 제안한다. 주관적 경험은 없어도 논리적으로는 인간의 완전한 물리적 복제물이 있다고 상상해보자. 이러한 의식이 없는 좀비라도 상상할 수는 있다. 철학적 좀비는 인간과 똑같이 사고하고 행동하기 때문에 언뜻 보면 인간과 구분되지 않는다. 하지만 느낌, 정서, 감정, 의식이 없는 좀비는 인간이 아니다. 인간에게 고유한 주관적 경험은 결코 물리적 특성으로 완전히 설명되지 않는다는 것이 차머스의 요지다.

인간에게는 여전히 의식이라는 환영이 필요하다

인공지능 시대는 좀비가 가능해진 시대다. 우리는 이제 뇌가 어떻게 정보를 처리하는지 비교적 많이 알고 있으며, 이렇게 얻은 지식으로 인간처럼 생각하고 말하는 인공지능 좀비를 만든다. 의식의 쉬운 문제와 어려운 문제 사이에는 단순히 정도와 단계의 차이만 있는 것인지, 아니면 설명하기 어려운 질적 차이가 있는 것인지 지금 단언할 수는 없다. '뇌는 어떻게 정보를 처리하는가?'라는 문제를 해결하면 '의식이 있는 시스템과 없는 시스템을 가르는 물리적인 특성은 무엇인가?'라는 꽤 어려운 물음이 제기된다. 인지과학을 통해 이 물음에 나름대로 해답을 도출하더라도 '물리적 특성이 어떻게 감각질(qualia)을 결정하는가?'라는 더 어려운 문제에 봉착한다. 아마 이 문제를 해결하더라도 '어떤 것은 왜 의식이 있는가?'라는 정말 어려운 문제로 이어진다. 이 물음들은 결국 '왜 인간은 의식을 가지는가?'라는 궁극적 질문으로 압축된다.

여기서 우리가 의식을 둘러싼 철학적 논쟁을 모두 섭렵할 필요는 없다. 중요한 것은 의식 현상이 존재한다는 사실이다. 우리는 우리가 의식함을 안다. 이것은 우리가 완벽하게 확신할 수 있다. 이러한 의식 현상을 기능주의적으로 설명하려는 다양한 시도가 있다. 유명한 무신론자이자 심리철학자인 대니얼 데닛(Daniel Dennett)은 의식이란 환상에 불과하다고 주장한다.[12] 데닛에 의하면 의식은 요술을 부리는 속임수와 같다. 뇌의 정상적인 기능은 마치 비물질적인 무언가가 벌어지고 있는 것처럼 '보이게' 만든다. 의식을 구성하는 우리의 감정이 우리를 기만하는 것이다.

의식이 환상과 감미로운 꿈에 불과하다면, 인공지능 시대에 의식은 더는 의미가 없는 것일까? 우리가 세계에 의미를 부여하는 것은 우리가 의식이 있는 존재이기 때문이다. 한때는 영혼과 정신이 우리의 삶에 의미를 부여한다고 믿었다. 우리가 설령 신의 존재를 믿지 않는다고 해도, 우리는 여전히 우리의 삶과 세계에 의미를 부여할 이야기를 만들어낸다. 우리가 감정과 주관적 경험을 무시할 수 없는 이유가 여기에 있다. 형이상학이 지배했던 시대뿐만 아니라 과학과 기술이 지배하는 탈형이상학 시대에도 우리는 의식의 존재다.

유발 하라리는 의식과 주관적 경험의 중요성을 매우 인상적으로 서술한다. "의미와 권위의 원천이 하늘에서 인간의 감정으로 옮겨오면서 우주 전체의 성질이 변했다. 신, 뮤즈, 요정, 악귀 들로 바글거리던 외부 우주는 텅 빈 공간이 되었다. 반면 지금까지는 날것의 감정을 처박아두던 별 볼일 없는 공간이던 내부 세계는 이루 말할 수 없이 깊고 풍부해졌다. 천사와 악마는 세상의 숲과 사막을 떠도는 실재하는 실체에서 우리 심리 안의 내적 힘으로 탈바꿈했다. …… 우리는 가슴 안에 분노와 증오가 불붙을 때마다 지옥을 경험하고, 적을 용서하고 잘못을 뉘우치고 가난한 사람들과 가진 것을 나눌 때마다 천상의 기쁨을 누린다."[13] 과학이 우리의 뇌를 아무리 기능주의적으로 해부하더라도, 세상을 경험하는 우리의 내면에서 천국과 지옥의 감정이 들끓는다는 점에는 변함이 없다.

우리를 인간답게 만드는 것은 의식이다. 의식이 있는 인간과 완전한 좀비 사이에는 실재적인 차이가 있다. 대니얼 데닛은 이러한 직관을 '좀비감'이라고 부르면서 이렇게 묻는다. "좀비감은 사라질까? 나는 그렇지 않으리라 예상한다. 그것은 지금처럼 해로운 형태를 계속 유지하지는 못하겠지만 덜 해롭게 변형된 형태로, 즉 권위는 없지만 심리적으로는 여전히 강력한 형태로 존속할 것이다."[14] 인공지능이 아무리 발전하더라도 우리 인간에게는 의식이라는 환영이 필요하다. 우리가 여전히 역사를 만들고 문명을 주도하는 '주체'라고 믿고 싶다면, 의식은 인류 문명에 필요한 허구다. 인공지능이 인간의 마음을 이해하는 데 도움이 될지, 아니면 마음 자체를 대체할지는 전적으로 우리에게 달려있다. "우리는 몸과 뇌를 업그레이드하는 데는 성공한다 해도, 그 과정에서 마음을 잃게 될 것이다. 사실 기술 인본주의는 결국 인간을 다운그레이드할 것이다."[15] 만약 인공지능이 우리의 주체성을 약화시킨다면, 유발 하라리의 비관적 전망도 현실화될지 모른다. 의식과 마음이라는 환영을 믿는 것이 해로운지, 아니면 이 환영을 파괴하는 것이 더 해로운지는 인공지능 시대가 말해줄 것이다.

Q9. 자유의지가 사라질 때도 우리는 인간일 수 있는가?

우리는 여러 동물 중에서 유일하게 의식이 있고 자유의지를 갖고 있다. 생성형 인공지능의 발전으로 우리는 인간처럼 생각하고 느끼며 이해하는 것처럼 '보이는' 기계를 가지게 되었다. 실로 놀라운 현상이다. 인간처럼 생각하고 느껴서 인간의 통제에서 벗어난 것처럼 보이는 '강한 인공지능'의 출현은 우리를 생각하게 만든다. 강한 인공지능이 감정 없이 논리적 추론에 따라 움직이는 '사이코패스 로봇'일지, 아니면 '의식 없는 좀비'일지는 중요하지 않다. 인공지능은 이미 상상의 영역으로 침투해 들어와 우리에게 온갖 감정을 불러일으킨다. 만약 초지능으로 무장한 인공지능이 의지마저 가진다면. 이 아름다운 별을 보존하려고 사피엔스의 멸종을 결정한다면. 이러한 상상이 SF 영화를 보면서 느꼈던 감정과는 다를 것이 분명하다. 우리는 곳곳에서 이 상상이 실현될 수 있는 조짐을 발견하기 때문이다.

챗GPT 출시 이후 인공지능 반도체 분야에서 가장 영향력 있는 기업은 엔비디아다. 엔비디아의 창립자 젠슨 황(Jensen Huang)은 2024년 3월 18일 연례개발자회의 'GTC 2024'에서 여럿의 휴머노이드를 대동하고 기조연설을 하던 중 오늘날의 인공지능 모델이 5년 이내에 소위 일반인공지능 수준으로 발전할 수 있다고 예견했다.[16] 그렇다면 이러한 일반인공지능은 정확히 어떤 것이며, 언제 출현할 것인지 어떻게 판단할 수 있는가? 어떤 사람은 변호사 시험과 같은 특정 시험에서 대부분의 사람보다 8퍼센트 더 나은 성적을 낼 수 있는 프로그램이라면 일반인공지능이라고 판단할 수 있다고 본다. 또 어떤 사람은 인공지능 모델이 10만 달러로 인간의 추가적인 지시 없이 100만 달러를 벌어들인다면 일반인공지능 수준에 도달했다고 말한다. 또 다른 사람은 퇴근한 사람에게 말을 걸면서 커피한 잔을 만들 수 있는 기계라면 이미 일반인공지능이라고 생각한다. 젠슨 황의 예측이 마케팅 전략에 기반하고 있는 것은 분명하다. 하지만 동시에 우리가 일반인공지능의 도래를 준비해야 할 시점에 한 발짝씩 다가가고 있다는 것도 점점 확실해진다.[17]

현재 무엇이 일반인공지능인지에 관한 합의는 없다. 현재의 발달 속도로 볼 때 인공지능이 미숙련 인간과 같거나 약간 더 나은 수준에 도달할 것은 분명해 보인다. 누구도 일반인공지능에 도달하면 어떤 일이 벌어질지를 확실하게 예측하기는커녕 상상조차 하지 못한다. 하물며 인공지능이 의식과 자유의지를 보유하면 어떤 세상이 열릴까는 우리의 상상을 초월한다. 우리의 상상이 극단으로 흐르면 우리는 현재의 위험을 보지 못할 수 있다. 맥스 테그마크(Max

Tegmark)가 정확하게 지적한 것처럼 "〈터미네이터〉 이야기의 위험은 그런 상황이 발생한다는 것이 아니라, AI가 제기하는 진짜 위험과 기회에서 주의를 돌려놓는다는 점이다."[18]

자유의지라는 미해결 과제

그렇다면 일반인공지능이 가져오는 진짜 위험은 무엇일까? 눈에 보이는 적은 적어도 대처할 수 있다. 적이 누구인지 알기 때문이다. 진짜 위험은 정체를 확인할 수 없는 적으로부터 발생한다. 만약 인공지능이 우리를 자유롭게 만드는 것처럼 보이지만 실제로는 우리의 자유를 약화시키거나 박탈한다면, 우리는 인공지능의 위험을 제대로 직시할 수 있을까? 진짜 위험은 결코 우리보다 영리한 초지능이 우리 인간을 지배할 때 나타나지 않는다. 인공지능 모델이 의식을 가졌다는 사실을 인식할 때쯤에는 개발을 멈추기에 너무 늦을 수 있다. 진짜 위험은 이러한 시나리오가 현실이 되기도 전에 인공지능이 우리의 세계 이해 방식을 바꾸고 우리의 정체성을 뒤흔들어 놓을 때 시작된다.

인공지능을 이해한다는 것은 인공지능이 무엇을 바꿔놓을지 파악한다는 것이다. 의식과 자유의지를 갖춘 강한 인공지능은 바로 인간의 정체성을 겨냥한다. 의식과 자유의지와 더불어 인간 정체성을 구성하는 핵심 요소는 바로 '꿈'이다. 인공지능도 꿈을 꾸는가? 꿈이 무의식의 산물이라면, 인공지능도 자신이 알지 못하는 어두운

4장 의식 있는 인공지능: 기계는 자유의지가 있는가?

측면을 갖고 있는가? 의식과 자유의지, 꿈과 무의식의 문제는 모두 우리가 몸을 가진 존재임을 가리킨다. 뇌를 기능주의적으로 모방하는 인공지능의 정체는 기계다. 반면에 인간은 유기체적 생명체로서 몸이다. 인간이 '이성적 동물(animal rationale)'이라면, 인공지능은 인간의 동물성보다 이성에 초점을 맞춰 만들어진 것이다.

자연이 진화 과정을 통해 인간의 뇌 용량을 확대함으로써 이성을 발전시킨 것은 분명하다. 어떻게 뇌의 용량이 커졌는지 알 수 없는 것처럼 뇌의 기능이 어떻게 이성과 자유의지를 만들어냈는지는 여전히 미스터리다. 뇌와 마찬가지로 이성 역시 진화 과정의 산물이다. 조물주나 창조자가 인간이라는 존재에 이성을 확고부동한 속성으로 부여한 것이 아니다. 이성은 생존을 위해 투쟁하는 과정에서 만들어진 것이다. 뇌가 중요한 기관이지만 우리 몸의 일부인 것처럼, 우리의 이성 역시 우리 몸의 작용이다. 신화나 종교 같은 거대한 이야기를 만들어낸 이성은 진화의 산물인 몸과 분리될 수 없다. 마음과 의식과 자유의지가 모두 인류의 생물학적 자기 보존을 위해서라면 다음의 질문을 피할 수 없다. 우리는 우리 자신을 몸으로 파악해야 하는가, 아니면 기계로 파악해야 하는가? '강한 인공지능이 과연 자유의지를 가질 수 있는가'라는 문제는 우리를 더 근본적인 문제로 인도한다. 우리는 기계인가, 아니면 몸인가?

뇌의 정보 처리를 기능주의적으로 설명하는 대니얼 데닛은 마음과 의식이 환영에 불과하다는 사실을 다음과 같이 직설적으로 말한다. "당신을 구성하는 세포 중 어느 것도 당신이 누구인지, 당신이 무엇을 신경 쓰는지 알지 못한다."[19] 우리의 몸은 60~100조 개에 달하는 세포로 구성되어 있다. 우리의 몸을 구성하는 개별 세포는 비록 살아 있기는 해도 의식은 없다. 데닛에 의하면, 세포는 마음이 없는 메커니즘이고 자동적인 미시 로봇이다. 우리가 의식, 마음, 자유의지라고 부르는 현상은 세포들의 기계적 작용일 뿐이다. 그러나 데닛은 의식을 "하나의 신비, 상상할 수 있는 최고로 놀라운 마술 쇼, 설명을 불허하는 특수 효과의 끝없는 연속"으로 폭로하면서도 의식이 놀라운 현상임은 인정한다. "어떻게 미술이나 개 또는 산에 대해 아무것도 알지 못하는 세포들, 심지어 의식적인 세포들이 브라크, 푸들, 킬리만자로에 대한 의식적 생각을 가진 것을 구성할 수 있다는 말인가?"[20]

우리의 몸이 생물학적인 법칙을 따른다고 하더라도 몸이 이렇게 놀라운 현상을 산출한다는 사실은 부인하기 어렵다. 우리는 결코 의식과 마음이 우리의 몸과 상관없는 독립적인 실체라고 생각하지 않는다. 우리는 마음이 뇌의 작용이라는 사실을 인정할 정도로 충분히 탈형이상학적이다. 문제는 마음과 의식이 아무리 물리적이고 생물학적인 현상이더라도 여전히 놀랍고 신비롭다는 점이다. 이에 대한 인정 여부에 따라 기계론자와 생물학자가 갈리는 것 같다. 기계론이 전체를 구성하는 부분의 기능적 상호작용에 초점을 맞춘다면, 생물학은 심신 상호작용에 기반을 둔 몸이라는 전체를 지향한다. 우리가 하나의 생명체로 존재하는 한, 의식 현상은 우리의 삶에 수반된다.

전체는 부분의 합보다 크다. 여기서 크다는 서술어는 양적인 의미가 아니라 질적인 의미다. 수십 조의 세포로 구성된 우리의 몸이 개별 세포의 특성과 상당히 다른 특성을 갖는 것을 '창발(emergence)'이라고 부른다.[21] 우리는 여기서 과학과 철학에서 종종 혼동을 야기하는 이 개념을 상세하게 들여다볼 필요는 없다. 다만 창발은 우리의 몸에서 우리가 이해할 수 없는 일이 일어나 기계론으로는 완전히 설명할 수 없는 점이 있음을 가리킨다. 우리의 욕구와 욕망, 의지와 의식은 그것의 현상적 존재는 인정하더라도 원인과 이유를 설명할 수는 없다.

인간을 이성적 존재라기보다 의지적 존재로 본 아르투어 쇼펜하우어(Arthur Schopenhauer)는 이처럼 모순적인 현상을 매우 정확하게 표현했다. "인간은 자신이 원하는 것을 할 수 있다. 그러나 그는 자신이 원하는 것을 원할 수는 없다."[22] 우리는 욕망을 실현하려는 자신을 자유의지를 가진 존재로 파악하지만, 우리는 그 욕망이 어디서 어떻게 생겼는지를 알지 못한다. 우리는 무언가를 원할 때 스스로 무엇인가를 원한다는 사실을 인식한다. 이러한 자기의식을 해체하다 보면, 우리는 의지의 현상만을 발견한다. 의지는 좁은 의미에서의 선택과 결정만을 의미하지 않는다. 사랑·미움·두려움·공포·소망·노력 등 자신의 행복과 불행, 쾌락과 불쾌를 직접적으로 결정하는 모든 것은 우리의 몸 안에서 급격히 일어나는 감정이다. 우리가 알 수 없고 통제하기도 어려운 감정의 움직임을 '정동(精動; affection)'이라 한다. 의식 없는 세포의 상호작용으로 무언가가 움직이는 것이다.

쇼펜하우어는 생명 운동의 주체를 의지로 파악한다. 인간의 뇌를 시뮬레이션하는 인공지능 시대에 우리는 몸 안의 모든 움직임을 총괄하는 하나의 실체를 상정할 필요는 없다. 의지는 실체도 물자체도 아니다. 그것은 몸이 빚어내는 하나의 놀라운 현상일 뿐이다. "의지는 물자체로서 인간의 파괴할 수 없는 내면의 참된 본질을 구성한다. 그러나 그 자체로는 무의식적이다."[23] 의지를 형이상학적 실체로 파악했다는 점을 제외하면, 쇼펜하우어는 인공지능 시대에 우리의 몸을 이해할 수 있는 중요한 실마리를 제공한다. 쇼펜하우어에 의하면 인간의 이성은 이차적 현상일 뿐이고 유기체가 일차적 현상이다. 뇌의 기능인 인간의 이성은 우리 존재의 우연적 속성이다. 쇼펜하우어는 우리의 몸을 뇌보다 높이 평가한다. "뇌는 내부 운동에 직접적으로 개입하지 않고 외부 세계와의 관계를 규제함으로써 자기 보존의 목적에 봉사한다는 점에서 나머지 유기체의 산물이고 기생충이다."[24] 현대 과학은 우리가 용량이 커진 뇌 덕택에 세계를 지배했다고 말하는데, 쇼펜하우어는 뇌가 우리 몸의 산물이라고 단언한다. 우리 뇌의 정보를 로봇에 옮긴다고 하더라도, 몸이 없다면 결코 우리 자신이 아니다. 우리의 정체성을 보장하는 것은 우리의 몸이기 때문이다.

자유의지는 몸이 산출하는 욕망에 수반되는 현상이다. 욕망이 먼저 일어나고 어떤 목적을 실현하려고 자발적으로 의식적인 행동을 하게 만드는 내적 욕구가 뒤따른다. 욕망이 무의식적이라면, 의지는 의식된 욕망이다. 알베르트 아인슈타인(Albert Einstein)이 쇼펜하우어의 말을 변형시켜 인용한 것처럼 "우리는 우리가 원하는 것을 할 수 있지만, 우리가 바랄 수 있는 것만을 바랄 수 있다."[25] 우리는 스스로 무언가를 원한다고 생각하지만, 우리가 그렇게 원하도록 필연적으로 결정되어 있다는 것이다. 의지는 욕망이 발현한 뒤에 그것을 해석하는 과정에서 생겨난다.

자유의지의 존재를 의심하고 부정하는 과학자와 철학자 들은 의지의 자발적·의식적 행위를 집중적으로 겨냥한다. 만약 우리의 행위가 의식적이기보다 무의식적이라면, 자유의지는 단순히 뇌의 생리적 현상에 부수된 환영에 불과한 것이다. 18세기의 사람들에겐 신비한 블랙박스처럼 보였던 뇌의 작동 기제를 이해할 수 있는 지금, 자유의지 자체가 환영으로 폭로된 것이다. 1980년대 초 벤저민 리벳(Benjamin Libet)은 우리가 어떤 선택과 결정을 의식하기 이전에 뇌가 작동을 시작한다는 사실을 밝혀냈다. 리벳은 "뇌는 그러한 결정이 이뤄졌다는 주관적 의식이 있기 이전에 특정 행위를 시작하거나 적어도 시작을 준비하기로 결정한다."[26]라고 주장한다.

이 실험은 어떤 행위를 선택하고 의도하는 것이 과연 의지와 의식에서 비롯되는가를 검증한다. 내가 당신에게 마음이 내킬 때면 언제든 버튼을 누르라고 하는 상황을 가정해보자. 특정한 시간에 버튼을 눌러야 한다는 강제는 전혀 없다. 당신은 자신의 손가락을 완전히 통제하는 까닭에 버튼을 누르는 것은 완전히 당신의 자유로운 선택이다. 리벳은 이 실험이 진행되는 동안 당신의 뇌에서 어떤 일이 벌어지는지 보여준다. 당신은 자신이 버튼을 누른다고 의식적으로 생각하기 300밀리세컨드 전에 이미 의사 결정과 관련된 뇌 영역인 전전두피질이 활성화되었음을 본다. 우리는 자유롭고 의식적인 선택을 했다고 생각하지만, 우리도 모르는 사이에 뇌가 먼저 결정을 끝낸 것이다. 이런 사실로부터 리벳은 행위가 무의식적으로 시작된다면 의식적 자유의지가 행위를 시작하는 것은 아니라고 결론 내린다. "이런저런 일을 하거나 하지 않을 의사는 의식에서 비롯된다기보다 의식에서 드러난다고 하는 편이 적절할지도"[27] 모른다. 자유의지는 정동과 욕망에 뒤따르는 해석일 뿐이라는 것이다.

해가 질 무렵에야 비로소 비상하는 미네르바의 올빼미처럼 의식은 사건이 벌어진 이후의 활동이다. 우리는 사건을 발생과 동시에 의식한다고 생각하지만, 그것은 단지 주관적 느낌일 뿐 실제로 의식에는 시차가 있다. 크리스토프 코흐(Christof Koch)는 정보가 감각기관으로 들어와 뇌로 전달되고 뇌에서 처리되는 데는 시간이 걸린다는 것을 실험적으로 보여줬다.[28] 만약 우리가 고속도로를 시속 88킬로미터로 운전하다가 다람쥐를 봤다면, 이를 인식한 시각에 차는 이미 그 다람쥐를 치었을 것이다. 그걸 인식하는 데 4분의 1초가 걸리기 때문이다. 우리의 의식은 4분의 1초 전인 과거에 있고, 다람쥐를 친 바깥의 현실은 이미 지나갔다. 반면에 우리의 몸은 종종 의식보다 빠르게 반응한다. 예컨대 이물질이 우리 눈에 접근하면 단 10분의 1초 안에 눈을 감을 수 있다고 한다. 순간적인 눈 깜박 반사는 무의식적이다. 우리 몸은 우리가 의식하는 것보다 종종 빠르게 반응한다. 이러한 의식의 지체 현상은 모두 우리의 몸 안에 무언가가 일어나고 이를 해석하고 처리하는 과정에서 의식과 의지가 발생한다는 것을 보여준다.

분명한 것은 우리의 욕망이 우리 행동의 방향을 제시한다는 점이다. 이러한 현상이 육체-영혼 이원론으로 이어질 필요가 없다는 것은 분명하다. 우리의 욕망, 의지, 의식, 결정은 정신적 평행 세계에서 만들어지지 않는다. 이것들은 분명 물리적인 현상이다. 그러나 인간의 모든 행위가 물리적 현상으로 환원된다면 자유의지는 환상에 불과하다. 만약 인간이 자연법칙에 완전히 예속되어 있거나 모든 것을 자발적으로 시작할 수 있다면, 우리에게는 자유의지가 있다고 할 수 없다.[29] 그렇다면 많은 욕망이 무의식적으로 발생하는데도 왜 인간에게는 자유의지라는 의식적 해석이 필요한 것인가? 의식이 사후적 해석에 불과하다면, 왜 우리에게는 자유의지라는 환영이 필요한 것인가?

인간은 자유의지도 통제력도 상실하는가

우리는 분명 의식적 존재이기 이전에 동물이다. 그러나 우리를 다른 동물과 구별하는 것은 의식과 의지다. 동물이 단순히 본능에 따라 행동한다면, 우리 인간은 본능과 욕망을 통제할 수 있다. 자유의지는 욕망의 문제가 아니라 욕망의 통제에 관한 문제다. "인간의 자유는 자신이 원하는 것을 하는 데 있는 것이 아니라 원하지 않는 일을 하지 않는 데 있다."[30]라는 루소의 말은 자유의지의 본질을 잘 말해준다. 의지는 우리가 무언가를 통제하고 싶을 때 원하는 것이다. 스토아철학이 우리가 통제할 수 있는 것과 통제할 수 없는 것을 구별하고, 통제할 수 없는 것은 운명으로 받아들이고 통제할 수 있는 것에 집중하라고 할 때도 의지는 통제의 힘으로 이해된다.

우리는 이렇게 의지를 자연스럽게 전제한다. 모든 것이 자연법칙에 따라 움직이는 결정론적 세계에서 자신만의 아주 작은 세계를 구축하기 위해 필요한 게 바로 의지 개념이다. 의지는 삶에 목적과 의미를 부여한다. 누가 '어떠한 일을 이루고자 하는 마음'을 부정하겠는가? 내가 행위의 주체라면, 나는 필연적으로 '선택하고 결정할 내적인 능력'을 전제할 수밖에 없다. 데이비드 흄(David Hume)은 자유를 "의지의 결정에 따라서 행동하거나 행동하지 않는 힘"[31]으로 정의한다. 칸트도 의지를 도덕적 행위의 전제 조건으로 설정하면서 인간 존재가 선할 것인지 악할 것인지는 스스로 결정해야 할 문제라고 말한다. 어떤 행위를 하건 하지 않건 간에 그렇게 결정할 힘은 우리 안에 있으며, 그것이 주체와 의지로 해석되는 것이다.

이런 입장을 가장 극명하게 대변한 철학자는 데카르트다. 데카르트는 의지의 자유만이 우리가 신의 형상과 유사한 모습을 지니고 있음을 보여준다고 말한다. "내 안에서 그보다 더 큰 것의 관념을 포착할 수 없을 정도로 큰 것으로 경험하는 것은 오직 의지, 즉 자유의지뿐이다. …… 이는 의지는 다만 우리가 어떤 것을 할 수 있거나 할 수 없다는 데에—즉, 어떤 것을 긍정하거나 부정하고, 추구하거나 기피하는 데에—존립하는 것이기 때문이다."[32] 자유의지는 우리가 행위를 할 때 외부의 힘이 결정한 것을 수행하는 것이 아니라, 마치 우리 스스로 선택하고 결정한다고 느끼게 해준다.

우리가 스스로 통제할 수 있다는 느낌은 인류 문명의 발전에 필요한 권력 감정이다. 만약 인공지능이 우리의 마음을 해킹해 우리의 행위와 삶을 통제한다면, 우리는 인공지능의 노예가 될 것이다. 자신의 의지를 따르지 않는다는 것은 스스로 통제하지 못한다는 것을 의미한다. 이것은 중독 현상에서 극명하게 나타난다. 어떤 사람이 담배나 술, 컴퓨터게임에 중독되어 있다면, 그는 자신이 원하는 것을 수행할 수 없다. 중독은 자유의지를 훼손하고 마비시킨다. 나는 건강을 위해 금연하고 싶지만, 나의 뜻대로 이뤄지지 않는다. 술을 끊고 싶지만, 술이 술을 부르는 악순환에 빠진다. 중독된 사람은 더는 자신의 욕망을 통제할 수 없다.

우리가 통제할 수 있는 게 하나도 없다면, 우리는 어떤 행위의 잘잘못을 가릴 수도, 바람직한 도덕 사회를 꿈꿀 수도 없다. 계획적으로 살인을 저지른다면 그에 대한 응분의 대가를 치러야 한다는 것이 우리의 상식이다. 설령 결정론이 참이고 어떤 사람이 사이코패스로 태어났다는 사실이 그의 의지가 아니었다고 하더라도, 우리는 그의 연쇄살인을 단죄하고 처벌한다. 우리의 의식이 단순히 환영에 불과하다고 주장하는 대니얼 데닛도 의지는 통제와 관련 있다고 주장한다. "누군가의 책임을 면제하고 응분의 비판이나 처벌을 가하지 않는 일은 그의 자기 통제력에 결함이 있을 때라야 정당하다."[33] 우리가 미친 사람과 중독된 사람, 정신적 결함을 가진 사람을 설득하지 않는 것은 그들에게 자신의 행위를 통제할 능력이 없기 때문이다. 우리가 원하는 도덕 사회는 자기 행위의 잘잘못을 보는 능력과 이러한 행위를 바탕으로 행동하는 능력을 전제한다. 전자는 도덕적 이해의 능력이고, 후자는 도덕적 실천의 능력이다. 이것은 모두 의지를 요청한다. 우리의 행위에 대한 책임을 지려면 의지와 자유가 필요한 것이다.

인공지능은 그동안 베일에 싸였던 정신의 미스터리를 벗김으로써 이제는 우리의 의식과 의지마저 단순한 환영으로 치부하려 한다. 우리가 의식이라는 꿈에서 깨어나면 어떤 세상이 우리를 기다리고 있을까? 그 뒤에도 우리는 외부 환경을 느끼고 냄새 맡으며 소리를 듣고 감정을 더 생생하게 감지할 수 있을까? 의식은 단순히 외부 세계에 대한 인식만을 의미하지 않는다. 그것은 환경 속에서 자신을 인식하는 것을 의미한다. 우리가 몸을 경험하는 방식은 우리가 자신을 인식하는 방식의 핵심이다.[34] 그런데 인공지능 시대를 살아가는 우리는 자신을 외부 세계와 차단한다. 자연스러운 소리를 듣는 대신 이어폰으로 자신이 원하는 인공 소리를 듣고, 이웃과 세상의 냄새를 맡는 대신 정보로 표현된 여론의 냄새를 맡는다.

의지와 의식 그리고 마음의 환영과 허깨비를 파괴한 인공지능은 우리를 몸의 존재로 자각하지 못하게 만든다. 인공지능은 역설적으로 몸과 분리된 기계, 신체와 분리된 정신을 절대화한다. 뇌를 강조한다는 것은 뇌의 핵심 기능인 논리적 추론을 절대화한다는 것을 의미한다. 읽기, 수학, 추상적 추론은 더욱 강화되고, 몸의 기능인 감각은 퇴화한다. 우리는 이제 우리의 감을 믿지 않고 인공지능의 통계적 예측을 더 신뢰한다. 우리가 이해할 수 없는 알고리즘이 이미 사용되고 있고, 이렇게 복잡한 알고리즘이 일상생활의 다양한 영역에 사용될 때 예측할 수 없는 결과가 초래될 수 있다. 인공지능이 진화론적으로 형성된 인간의 능력을 훼손하고 약화함으로써 우리는 위험에 제대로 대처할 수 없을지도 모른다. 우리는 감각을 잃어가고 있다. 우리가 너무 의식에만 집중한다면, 예측할 수 없는 일이 갑자기 일어날 때 무의식적으로 대응하는 능력을 상실할지도 모른다. 설령 인공지능에 자의식이 없더라도 위험한 이유는 바로 이 때문이다.

이제까지 인류는 꿈을 꾸면서 이를 실현하려고 이성을 발전시켰다. 인공지능 시대는 이성을 초지능으로 발전시키면서 꿈을 파괴한다. "현대 세계는 꿈을 기껏해야 잠재의식의 메시지로 치부하고, 심지어 마음의 쓰레기로 취급한다. 그 결과 꿈은 우리 인생에서 매우 작은 역할을 하고, 꿈꾸는 기술을 적극적으로 연마하는 사람은 거의 없으며, 많은 사람이 꿈을 전혀 꾸지 않거나 전혀 기억하지 못한다고 주장한다."[35] 우리는 인공지능 시대에 어떤 세계를 꿈꾸는가? 인공지능이 인간의 꿈을 실현하는 데 도움이 될 수 있다면, 우리는 우선 진정한 인간성에 관한 꿈을 꿔야 한다. 우리가 꿈을 꾸지 못한다는 것은 의식과 자유의지의 필요성을 느끼지 못함을 의미한다. 그것은 인공지능 발전의 자가 동력을 통제할 수 없기 때문일지도 모른다. 우리가 너무 많은 것을 인공지능에 맡기면, 우리는 결국 인공지능 결정론에 빠질 수밖에 없다. 우리가 스스로 인공지능을 통제하려면, 무엇보다 꿈을 꾸는 능력을 되찾는 게 시급하다. 중요한 것은 인공지능이 어떤 세계를 만드는가가 아니라 우리가 인공지능으로 어떤 세계를 만드는가이기 때문이다.

포스트휴먼 시대의
디지털 인간 조건

포스트휴먼 시대의 인간 조건을 성찰한다는 것은 인공지능이 가려놓은 실재를 본다기보다 그것이 우리에게 어떤 의미를 주는가를 묻는 일이다. 우리는 여전히 노동하고 작업하며 정치적으로 행위하겠지만, 인공지능이 노동과 작업, 행위의 의미를 어떻게 변화시키는지도 함께 성찰해야 한다. 왜냐하면 의미를 부여하는 것은 그림을 감상하는 사람의 몫이기 때문이다.

Q10. 포스트휴먼의 실존 조건은 무엇인가?

인류의 종말을 상상하려고 굳이 터미네이터처럼 의식이 있는 인공지능 로봇의 도래를 기다릴 필요는 없다. 인간은 자기 능력을 훨씬 뛰어넘는 로봇이 인간을 어떻게 이해하는지 모르기 때문이다. 그러나 생성형 인공지능의 등장으로 우리는 인간처럼 생각하고 느끼며 의식이 있는 것처럼 '보이는' 로봇과 관계를 맺게 되었다. 우리가 여전히 인간중심적 사고에서 벗어나지 못하더라도, 우리가 관계를 맺는 세계는 이제 식물과 동물을 넘어서 기계로 확대되고 있다. 인공지능이 지배하는 미래에도 우리 인간이 여전히 세계의 중심일까? 인간보다 더 똑똑한 인공지능의 등장이 우리를 두렵게 만드는 것은 인간이 지구를 정복한 게 "다른 동물보다 더 깊은 감정이나 더 복잡한 음악적 경험을 갖고 있어서가 아니기 때문이다".[1] 이러한 두려움은 의인화되어 터미네이터와 같은 기계 괴물을 만들어낸다.

그러나 미래에 대한 과도한 두려움은 정작 현재 일어나고 있는 문명사적 전환을 보지 못하게 우리의 눈을 가린다. 인공지능이 인간의 정체성을 위협함으로써 우리 인간이 인간으로 살아갈 수 있는 조건, 즉 '인간 조건(the human condition)'이 근본적으로 변화하고 있다. 우리가 몸을 가진 존재로서 자신을 이해하려고 상상한 허구가 의식이라면, 기계가 자신을 어떻게 의식하는지는 우리도 알 수 없다. 철학자 토머스 네이글(Thomas Nagel)은 〈박쥐로 사는 것은 어떤 기분일까?〉라는 매우 인상적인 제목의 논문에서 인간의 마음으로는 박쥐의 주관적 세계를 이해할 수 없다고 말한다.[2] 우리는 모두 박쥐가 세계를 주관적으로 경험할 것이라고 믿지만, 우리는 결코 박쥐의 세계를 이해하지 못한다.

인공지능 시대의 핵심 문제, 인간 조건

우리는 박쥐가 깜깜한 동굴 속에서도 어떻게 길을 잘 찾는지 과학적으로 설명할 수 있다. 박쥐는 주로 음파탐지나 반향정위를 통해 외부 세계를 인식한다. 즉, 범위 내에 있는 물체의 빠르고 미묘하게 변조된 날카로운 고주파 소리의 반사를 감지함으로써 인식한다. 박쥐의 뇌는 나가는 자극을 돌아오는 울림과 연관시키도록 설계되었으며, 이렇게 얻은 정보를 통해 박쥐는 거리와 크기, 모양, 움직임 및 질감을 우리가 시각으로 식별하는 것과 비슷한 정도로 식별할 수 있다. 이처럼 박쥐의 지각은 우리의 지각과 근본적으로 다르다.

우리는 이와 같은 과학적 지식을 바탕으로 박쥐의 삶을 상상할 수 있을 뿐이다. 네이글은 아무리 나의 현재 경험을 바탕으로 상상하거나 수정하더라도 박쥐로 사는 것이 어떤 기분인지 알 수 없다고 단언한다. "이것을 상상하려고 하면 나는 내 마음의 자원에만 국한되고, 그 자원은 이러한 과제를 수행하는 데 부적합하기"[3] 때문이다. 우리 인간은 세계를 인간만의 방식으로 경험하고 이해한다. 우리가 박쥐의 마음을 이해하지 못하는 것처럼 인공지능도 결코 인간의 마음을 이해하지 못한다. 물론 인공지능은 인간의 마음을 기능적으로 모방할 수 있다. 기계는 실제로 아무것도 경험하지 않았으면서도 인간처럼 생각하고 느끼며 행동할 수 있기 때문이다. 우리가 지금 박쥐의 마음을 이해하려는 것처럼, 먼 훗날에는 기계도 "인간으로 사는 것은 어떤 기분일까?"라고 질문을 던질지도 모른다.

그럼에도 인공지능 시대의 핵심 문제는 인간으로 살기 위한 '인간 조건'이다. 인간과 기계를 구별할 수 없는 오늘날, 인공지능은 우리에게 인간 조건을 성찰하라고 요청한다. 우리에게 당연하게 여겨졌던 조건이 이제 더는 당연하지 않기 때문이다. 철학자 한나 아렌트(Hannah Arendt)는 《인간의 조건》에서 인간으로 살아갈 수 있는 세 가지 근본 조건을 깊이 있게 성찰한다. 인간으로 존재한다는 것은 도대체 무엇을 의미하는가? 인간이 실존하려면 우선 하나의 생명으로서 살아있어야 한다. 다음으로 생성과 소멸을 거듭하는 자연의 필연성에서 벗어난 영속적인 자신의 세계가 있어야 한다. 끝으로 말과 행위를 통해 이 세계를 공유할 수 있는 다른 사람들이 있어야 한다. 한나 아렌트는 생명·세계·다원성이라는 인간 실존의 세 가지

5장 포스트휴먼 시대의 디지털 인간 조건

기본 조건에 부합하는 세 가지 근본 활동을 노동·작업·행위라고 규정했다. 그런데 이러한 인간 조건이 근본적으로 변하고 있다. 자동화로 인간의 노동은 점점 더 축소되거나 저하되고 있고, 자연 속에서 자신의 세계를 구축하려는 인간의 작업은 자연환경보다 더 많은 인공 환경을 만들어내고 있으며, 다른 사람들과 더불어 살아가는 인간에게 의미를 부여하는 정치 행위는 점점 더 단순한 행정으로 대체되고 있다. 인공지능 시대에 인간으로 살아가려면 이러한 인간 조건의 변화를 철저하게 성찰해야 한다.

우리는 지금 과학과 기술의 힘으로 인간의 생물학적 한계를 극복하려는 트랜스휴머니즘의 시대에 살고 있다. 오늘날 첨단 과학과 기술의 발전을 앞에서 이끄는 트랜스휴머니스트들도 합리적 사고, 자유, 관용, 민주주의와 다른 동료 인류에 대한 배려 같은 휴머니즘의 가치를 신뢰한다. "우리가 인간 조건과 외부 세계를 개선하려고 합리적인 수단을 사용하는 것처럼, 우리는 그 수단을 인간 유기체인 우리 자신을 개선하려고 사용할 수 있다. 이를 통해 우리는 교육, 문화 발전 등 전통적인 인본주의적 방법에만 국한되지 않는다. 우리는 또한 궁극적으로 일부 사람들이 '인간(적)'이라고 생각하는 것 이상으로 나아갈 수 있게 해주는 기술적 수단을 사용할 수도 있다."[4] 인공지능은 인간의 가치를 실현하려고 만들어졌으나 궁극적으로는 인간을 넘어서는 기술이다.

인간을 넘어선 기술이 보편화되었을 때도 인간은 여전히 가치 있는 존재로 남을 수 있을까? 트랜스휴머니즘은 궁극적으로 '포스트휴먼(posthuman)'을 추구한다. 포스트휴먼은 "기본 능력이 현재 인간의 능력을 근본적으로 초과해 현재 기준으로 볼 때 더는 인간이 아닌 미래의 존재"[5]를 가리킨다. 포스트휴먼이 '포스트(post)'와 '휴먼(human)'의 합성어라는 것은 다양한 포스트휴먼이 나타날 가능성을 암시한다. 포스트휴먼은 완전히 합성된 인공지능일 수 있고, 생물학적 인간의 심오한 증강일 수 있으며, 인간의 의식을 업로드한 휴머노이드일 수도 있다. 미래의 인간이 휴머노이드든 사이보그든 인간 조건이 근본적으로 변화할 것이라는 점은 분명하다.

미래의 포스트휴먼은 인간뿐만 아니라 환경마저 근본적으로 바꿔놓을 것이다. 아렌트는 이미 인공위성을 우주 속으로 쏘아올린 20세기 중반에 이러한 조짐을 간파했다. "지구는 가장 핵심적인 인간의 조건이다. 우리가 모두 아는 것처럼 지구는 우주에서 인간이 별다른 노력 없이 그리고 그 어떤 인공물도 없이 움직이고 숨 쉴 수 있는 거주지를 제공하는 유일한 곳이다. 인간 실존은 인공적 세계를 가진다는 점에서 단순히 동물적인 환경과 구분된다. 그러나 생명 자체는 이런 인공적 세계 밖에 있으며, 인간은 이 생명을 통해 살아 있는 다른 모든 유기체와 관계한다. 현재 진행되는 위대한 과학적 연구의 상당수는 인간 생명을 '인공적'으로 만듦으로써 인간을 자연의 자녀에 속하게 하는 마지막 끈조차 없애려고 한다."[6] 인간이 아무리 이성을 가진 합리적 존재라고 하더라도, 인간이 생명을 가진 유기체로서 지구를 떠나 살 수 있다고는 상상조차 할 수 없었다. 지구가 인간 삶의 터전이고, 인간은 지구를 정복한 생명체라는 것은 자명한 사실이다. 인공지능은 이러한 인간의 실존 조건을 근본적으로 바꿔놓으려 한다. 인간은 더는 생물학적 유기체일 필요가 없으며, 따라서 반드시 지구에서만 살지 않아도 된다.

어쩌면 생명의 개념을 바꿔야 할지도 모른다

인공지능의 등장으로 우리는 이제 생명의 개념을 새롭게 정의하려고 한다. 생명은 이제까지 사람이 살아서 숨 쉬고 활동할 수 있게 하는 힘으로 이해되었다. 이러한 활동을 이해하려는 과학이 발전하면서 생명은 신진대사로 정의되었다. 우리의 몸이 밖에서 섭취한 영양물질을 안에서 분해하고 합성해 생명 활동에 쓰이는 물질이나 에너지를 생성하고 필요하지 않은 물질을 몸 밖으로 내보내는 작용을 하지 않는다면, 우리는 살아있을 수 없다. 생명은 외부 세계와의 물질 교환인 셈이다. 생명체는 세포로 구성되어 있고, 이러한 세포에는 이를 구성하고 유지하며 유기적 관계를 이루는 데 필요한 정보를 갖는 유전자가 있다.

맥스 테그마크는 인공지능 시대에 새로운 생명 개념이 필요하다고 말하면서 이렇게 제안한다. "우리는 생명을 우리가 지금까지 마주친 종으로 한정하기를 원하지 않는다. 따라서 생명을 매우 넓게 정의해, 단순히 자신의 복잡성을 유지하고 복제할 수 있는 과정이라고 하자. 복제되는 대상은 물질이 아니라 정보이고, 어떻게 원자가 배열되는지를 구체적으로 정하는 정보이다."[7] 이에 따르면 생명은 자기 복제를 위한 정보 처리 시스템으로, 정보가 해당 개체의 행동과 하드웨어의 청사진을 결정한다. 인공지능이 열어놓은 디지털 정보사회에서 생명은 이제 하드웨어와 소프트웨어의 결합으로 이해된다.

이러한 생명은 세 단계로 발달할 수 있다.[8] 1단계는 순전히 생물적이다. 지구에서 약 38억 년 전에 생명이 처음 나타난 이후 오랫동안 생명은 생존과 자기 복제의 생물학적 활동으로 유지되었다. 생물적 단계인 '라이프 1.0'은 모든 활동이 DNA에 의해 결정되기 때문에 하드웨어나 소프트웨어를 다시 설계하지 못한다. 호모사피엔스가 출현하면서 비로소 생명은 2단계로 진입한다. 맥스 테그마크는 이 단계의 '라이프 2.0'을 문화적 단계라고 명명한다. 문화적 단계에서도 생명체의 하드웨어는 진화 과정에 예속되지만, 생명체가 감각으로 모은 정보를 처리해 무엇을 할지 결정하는 알고리즘과 지식 전체를 가리키는 소프트웨어가 설계된다는 점에서 생물적 단계와 다르다. 문화는 교육과 학습을 통해 만들어진 소프트웨어다. 인공지능의 발달로 우리는 이제 '라이프 3.0'의 단계에 진입했다는 것이 테그마크의 진단이다. 그는 소프트웨어뿐만 아니라 하드웨어까지 설계할 수 있는 '라이프 3.0'을 기술적 단계라고 부른다.

우주가 약 138억 년 전 대폭발로 태어나고, 지구가 약 45억 년 전에 형성되었으며, 생명체가 약 38억 년 전에 나타난 이래 호모사피엔스가 약 10만 년 전 출현할 때까지 정말 엄청난 시간이 흘렀다. 몇 번의 지성 혁명과 과학혁명을 거치며 인공지능을 만들기에 이른 인류는 이제 생물학적 진화 과정을 극복하려고 한다. 우주의 역사와 인류의 역사를 거시적으로 보면 생물적·문화적·기술적 단계로 구분되는 진화 과정이 꽤 그럴듯해 보인다. 이제 인공지능은 우리가 인간의 생물학적 조건을 스스로 설계하게 만들고, 우리가 획득한 정보로 무엇을 할지 결정하는 문화적 능력을 확대하며, 인간의 통제에서 벗어날 정도로 기술적 발전을 가속화할 것이다.

이러한 기술적 전환은 일반인공지능이 비약적으로 발전해 인간의 지능을 뛰어넘는 '특이점(singularity)'에 도달할 때 이뤄질 것이다. 우리는 언제 특이점에 도달하는가? 특이점에 도달하면 무슨 일이 벌어지는가? 그 시기가 언제일지 많은 추측이 난무한다는 것을 생각해보면, 그것이 우리 인간의 실존에 어떤 영향을 미칠지에 관한 논의도 안개 속에 있다. 우리가 예측할 수 있는 시간의 범위로 제한해 보면, 일반인공지능이 등장해도 우리가 여전히 생물적이고 문화적이며 기술적인 존재라는 사실은 변하지 않는다. 인공지능으로 인해 변하는 것은 인간의 실존 조건, 더 정확하게 말하면 인간 조건의 의미다. 우리가 몸을 가지고 있는 한 여전히 생물학적이지만, 이러한 생물학적 조건의 의미는 예전과 같지 않을 것이다. 우리는 여전히 자신의 세계를 창조하는 문화적 존재이지만, 인공지능 시대의 문화는 이제까지와 전혀 다른 환경과 조건에서 생성될 것이다. 우리의 관심이 수백 년, 수천 년, 수만 년 또는 수억 년 이후의 미래가 아니라면, 지금 인공지능의 등장으로 변화하는 인간 조건에 주목하는 것이 훨씬 현명하다.

지금 그리고 여기서 실제로 일어나는 인간 조건의 변화를 바라보는 것은 마치 초현실주의 작품을 감상하는 것과 같다. 벨기에의 초현실주의 화가 르네 마그리트(René Magritte)는 1933년과 1935년에 〈인간 조건(La condition humaine)〉이라는 작품을 발표했다. 이 작품에는 정작 인간이 등장하지 않으며 창문 밖의 풍경이 펼쳐질 뿐이다. 1933년 작품에는 숲과 나무가 보이는 풍경이, 1935년 작품에는 바다와 하늘이 보이는 풍경이 내다보인다. 마그리트의 가장 일반적인 예술적 장치는 뒤에 있는 것을 숨기려고 물체를 사용하는 것이다. 방 안에서 보이는 창문 앞에는 그 그림이 가리고 있는 풍경 일부를 정확하게 표현한 그림을 올려놓은 듯한 캔버스가 놓여있다. 따라서 그림 속 나무는 그 뒤에 있는 방 바깥의 나무를 정확하게 감춘다. 그것은 그림 속인 동시에 풍경 속 바깥이다. 마그리트는 이것이 바로 우리가 우리 밖의 세상을 보는 방식이라고 말한다. 여기서 인간은 창문 앞에 놓인 그림을 감상하는 관객이 된다. 무엇이 허구이고 무엇이 실재인가? 우리 앞에 실제로 놓여있는 것은 무엇인가? 우리는 우리 바깥의 세계를 보는 동시에 우리 안에서 그것을 표현한다. 그러면서 우리는 이렇게 묻는다. 이 그림은 무엇을 의미하고, 무엇을 상징하는가?

우리는 인공지능을 통해 미래를 내다보는 동시에 인공지능으로 실현될 미래를 표현한다. 인공지능이 우리에게 펼쳐놓을 현실은 허구와 실재가 구별되지 않는 세계다. 인공지능은 현실을 모사한 마그리트의 그림처럼 앞으로 다가올 미래를 은폐한다. 우리는 그림

뒤에 어떤 풍경이 있는지 알지 못한다. 포스트휴먼 시대의 인간 조건을 성찰한다는 것은 인공지능이 가려놓은 실재를 본다기보다 그것이 우리에게 어떤 의미를 주는가를 묻는 일이다. 우리는 여전히 노동하고 작업하며 정치적으로 행위하겠지만, 인공지능이 노동과 작업, 행위의 의미를 어떻게 변화시키는지도 함께 성찰해야 한다. 왜냐하면 의미를 부여하는 것은 그림을 감상하는 사람의 몫이기 때문이다.

Q11. 육체 없는 '노동'은 어떤 미래를 맞이할 것인가?

인공지능은 오래된 두려움을 증폭시킨다. 바로 일자리가 사라지는 것이다. 인류의 문명은 마치 노동으로부터 해방되려고 발전해온 것처럼 온갖 도구와 기계를 발명해왔다. 그런데 발전 과정의 정점에 있는 자동화와 인공지능은 마침내 인간에게서 일자리 자체를 빼앗아가려 한다. 한편으로는 노동으로부터의 해방을 축복으로 여기면서도, 다른 한편으로는 일자리의 축소와 저하 및 소멸을 두려워하는 역설적인 상황이 벌어지고 있다. 축복과 재앙 사이를 널뛰기하는 태도는 노동과 일자리 관련해서도 똑같이 드러난다.

인류가 자신의 활동을 성찰하기 시작한 이래 노동은 언제나 이중적 평가를 받았다. 인간은 살아있는 한 노동해야 생존한다. 아렌트에 의하면, 생존을 위한 활동인 노동은 가장 기초적인 인간 조건이다. "노동은 인간 신체의 생물학적 과정과 일치하는 활동이다. 신체의 자연발생적 성장, 신진대사와 부패는 노동에 의해 생산되어 삶의 과정에 투입된 생명 필수재에 묶여있다. 노동의 인간적 조건은 삶 자체다."[9] 노동은 개인의 삶뿐만 아니라 종의 생존까지 보존한다.

아렌트는 노동의 핵심에 대해 간단하게 질문을 던진다. "우리가 무언가를 할 때 실제로 무엇을 하는 것인가?"[10] 그렇다면 우리가 노동할 때 실제로 하는 것은 무엇인가? 우리는 생존에 필수적인 노동이 너무나 힘들고 괴로워서 이런 질문조차 하지 않는다. 아리스토텔레스는 노동을 노예의 활동으로 봤다.[11] 생존에 필요한 생필품을 조달하는 활동을 한다는 점에서 노예의 활동은 길들인 동물의 활동과 크게 다르지 않다는 것이다. 우리는 인간을 이성적 동물이라고 부를 때 '동물'이라는 단어의 사용을 불편하게 느끼면서도, '노동하는 동물(animal laborans)'이라고 부를 때 같은 단어를 사용하는 것을 전적으로 정당하게 생각한다.[12] 아리스토텔레스의 견해는 노예제를 정당화한다는 점에서 지금의 우리에게 낯설기는 해도 문제의 핵심을 찌른다. 생존만을 위해 노동하는 것은 노예나 동물 같은 삶이다.

우리는 인간이기에 노동하는 동시에 노동을 넘어선 가치를 생각한다. 노동이 아무리 힘들고 괴롭더라도 그것으로 실현된 삶을 생각하면 견딜 만하다. 노동이 실현할 가치가 노동을 견딜 수 있게 해주는 것이다. 노동만이 가치를 창조한다는 생각은 근대 인본주의의 산물이다. 노동이 인간의 중요한 활동이라면 노동에는 가치를 창조하는 힘이 내재해야 한다. 존 로크와 애덤 스미스 그리고 카를 마르크스는 노동하는 동물을 전통적으로 이성적 동물이 차지했던 지위로까지 끌어올렸다. 그 이유는 노동의 생산성 때문이었다. 노동이 가치를 창조하고 잉여가치가 부를 만든다는 자본주의의 가치관이 탄생한 것이다. 육체노동과 정신노동, 숙련노동과 미숙련노동의 구별은 단지 노동을 수행하는 과정에서의 특정한 단계와 특성을 의미했기 때문에 그리 중요하지 않았다. 정신노동도 육체노동과 구별되기 이전에 그 자체로 노동이다.

앞으로도 자유는 노동이 끝나는 곳에서 시작하는가

고대 그리스에서 시민의 자유로운 삶이 노예 노동 덕택이라면, 자유는 노동이 끝나는 곳에서 시작한다. 그렇다면 우리는 노예제가 폐지된 현대사회에서 자유를 실현하려면 어떻게 해야 하는가? 마르크스는 평생 노동과 필연성 자체를 폐지할 수 있다는 꿈을 가졌다. "자유의 왕국은 실제로 필요와 외적인 목적성에 의해 결정되는 노동이 끝나는 곳에서만 비로소 시작한다."[13] 노동이 단순한 필요와 강제와 고통에 불과하다면 중요한 것은 노동으로부터의 해방이 아니라 노동 자체의 폐지다. 노동하지 않고 자유를 실현할 수 있는 사회는 우리가 꿈꾸는 유토피아다. 마르크스는 이러한 유토피아를 목가적 풍경으로 매우 아름답게 묘사한다.

노동의 분업이 이뤄지자마자 곧 모든 사람은 하나의 특수하고 배타적인 활동 영역을 갖는다. 그는 자신에게 강요된 이 영역으로부터 벗어날 수 없다. 그는 사냥꾼, 어부, 목동이거나 비판적인 비평가다. 자신의 생활수단을 잃기를 원치 않는다면 그는 그래야만 한다. 아무도 배타적인 활동 영역을 갖지 않고 모든 사람이 자신이 원하는 분야에서 스스로 개발할 수 있는 공산주의 사회에서는 사회가 일반적인 생산을 규제한다. 그래서 사회는 내가 오늘은 이 일을, 내일은 저 일을 하는 것을 가능하게 하고, 그래서 내가 사냥꾼, 어부, 목동 또는 비평가가 되지 않고서도 단지 마음먹은 대로 아침에는 사냥하고, 오후에는 낚시하고, 저녁에는 가축을 돌보고, 저녁 식사 후에는 비평을 할 수 있게 된다.[14]

사냥꾼, 어부, 목동, 비평가는 분업을 통해 계급이 형성된 결과 등장한 직업이다. 농업혁명이 일어나기 이전의 수렵 채집인은 훨씬 더 자유롭게 살았다. 유발 하라리는 농업혁명을 통해 부가 증대되고 그와 함께 자유가 증대되었다는 것은 "역사상 최대의 사기"라고 단언한다. "여러분의 식량이 곧 더 나은 식사나 더 많은 여유시간을 의미하지는 않았다. 오히려 인구 폭발과 방자한 엘리트를 낳았다. 평균적인 농부는 평균적인 수렵 채집인보다 더 열심히 일했으며 그 대가로 더 열악한 식사를 했다. 농업혁명은 역사상 최대의 사기였다."[15]

그런데 현대의 첨단 과학자와 기술자 들은 역사적으로 축적된 부의 기반 위에 새로운 자유의 왕국을 건설하려고 한다. 실리콘밸리의 트랜스휴머니즘 구루의 삶을 보라. 그들은 노동을 새로운 종교로 떠받든다. 실리콘밸리에서는 "노동이 종교를 대체한다". 오늘날 최고의 엘리트들은 노동을 소명과 목적, 사명과 의미로 생각한다. 노동은 그들의 모든 활동을 하나로 통합하는 동시에 다른 사람들과 사회적으로 연결해주는 영적인 활동이다. "그들은 일하는 직장에서 '자신의 영혼'을 파는 것이 아니다. 오히려 노동은 그들이 자신의 영혼을 찾는 곳이다."[16] 오늘날 인공지능은 노동을 새로운 종교로 만드는 핵심적인 동력이다. 마르크스가 꿈꿨던 것처럼 인공지능은 우리 인간을 노동으로부터 해방시켜줄 뿐만 아니라 고통스러운 노동 자체를 폐지할지도 모른다. 이제까지 육체노동이 수고와 고통으로 여겨졌다면, 인공지능이 폐지하는 노동은 육체노동이지 노동 자체는 아닐지도 모른다. 인공지능이 가져올 노동의 종말에 대해 우리가 느끼는 두려움은 일할 수 없는 것이, 다시 말해 일자리가 사라지는 것이 더 나쁜 운명일 수 있다는 예감 때문이다.

인공지능이 인간의 일자리를 빼앗아간다는 공포는 일자리가 사라지면서 노동의 의미도 변화한다는 사실을 보지 못하게 만든다. 매일 쏟아지는 일자리 감소에 관한 선정적인 기사는 우리로 하여금 노동의 변화에 대해 둔감하게 만든다. 골드만삭스는 3억 개의 일자리가 인공지능에 의해 사라지거나 악화될 것이라고 예측한다.[17] 이 숫자가 무엇을 의미하는지에 대한 분석과 예측이 흘러넘친다. 한 가지 분명한 것은 인공지능이 자동화의 물결을 더욱 강화하고 가속해서 노동과 일자리의 성격을 근본적으로 바꿔놓을 것이라는 점이다. 인공지능, 로봇, 자동화가 인간을 육체노동으로부터 해방할 게 분명하다면, 우리 인간은 과연 노동 없이 살아갈 수 있는가? 만약 미래에도 노동이 불가피하다면, 미래의 노동은 '육체 없는 노동'인가?

자동화의 엄청난 속도는 노동의 성격을 바꾼다. 인공지능이 발전하면서 산업 현장의 자동화가 더욱 보편화되고 빠르게 확산하고 있다. 〈2023 세계 로봇공학 보고서〉에 의하면 2023년 산업용 로봇 시장은 7퍼센트 성장해 전 세계적으로 59만 대 이상 설치된다고 한다.[18] 한국은 미국, 일본, 중국에 이어 세계 4위의 로봇 시장이다. 이러한 경향은 인공지능의 발전으로 더욱 강화되고 있다. 인력을 대체하는 자동화의 잠재력은 엄청나다. 테슬라의 '기가팩토리(Gigafactory)'로 대변되는 스마트팩토리는 공장의 인력을 자동화해 효율성과 생산성을 향상시켰다. 과거에는 수백 명이 일하던 곳에서 몇십 명만 근무하는 것이 이제는 낯설지 않다. 1990년부터 2007년까지 제조 과정에서 로봇이 추가될 때마다 미국 전역에서 약 3.3명의 근로자가 대체되었다. 옥스퍼드 이코노믹스(Oxford Economics)는 2030년까지 전 세계적으로 최대 2,000만 개의 제조업 일자리가 로봇으로 대체될 수 있다고 예측한다.[19]

자동화로 인해 인간 노동이 기계로 대체되는 것은 이제 거스를 수 없는 추세다. 육체노동이 기계 노동으로 대체되는 경향은 산업혁명 이후 강화되었다.[20] 윌리엄 리(William Lee)라는 성직자가 스타킹 생산을 부분적으로 기계화하려는 아이디어를 생각해내기 전까지, 16세기에는 모든 노동이 육체노동이었다. 그는 양탄자 제조에 사용되는 직기를 사용해 긴 재료 시트를 만든 다음 자르고 꿰매어 스타킹을 만들 수 있었다. 이러한 자동화는 기존 방식보다 훨씬 빠르고 저

렴했지만, 스타킹 편직공의 복지를 염려한 엘리자베스 1세가 윌리엄 리의 특허 요청을 거절했다는 이야기가 전해질 정도로 자동화는 언제나 일자리에 치명적이었다. 19세기 영국의 직물 노동자들은 더 큰 변화에 직면했다. 산업혁명이 가속화되면서 사람들은 농촌을 떠나 도시에서 일자리를 구했지만, 그들은 기계가 자신의 일자리를 빼앗아간다고 생각해 기계를 파괴하는 러다이트(Luddite) 운동을 일으켰다. 20세기 후반 자동차 제조에 로봇 사용이 보편화되자 용접, 페인팅, 조립 작업은 사람에서 로봇으로 옮겨갔다. 로봇은 처음에는 단순하고 반복적인 작업을 수행하는 데 사용되었지만, 이제는 점점 더 복잡한 작업까지 확대되고 있다.

물론 기술낙관론자들은 인공지능과 자동화가 기존의 일자리를 대체하는 것은 사실이지만, 그와 동시에 새로운 일자리를 만들어낸다고 주장한다. 세계경제포럼의 《2023 일자리 미래 보고서》에 따르면 많은 사무직이나 비서직이 인공지능으로 인해 빠르게 줄어들 가능성이 있는 것으로 보인다.[21] 반면 인공지능 및 기계 학습 전문가, 데이터 분석가와 데이터 과학자, 디지털 혁신 전문가의 역할은 빠르게 성장할 것으로 예상된다. 보고서에 따르면 2027년까지 인공지능 및 기계 학습 전문가에 대한 수요는 40퍼센트 증가하고, 데이터 분석가, 과학자 또는 빅데이터 전문가 등에 대한 수요는 30~35퍼센트 증가하며, 정보 보안 분석가에 대한 수요는 31퍼센트 증가할 것으로 보인다. 이로써 총 260만 개의 일자리가 추가된다고 한다. 물론 이러한 통계 추정이 우리의 두려움을 감소시키지는 않는다. 인

순위	가장 빠르게 성장하는 상위 10개 직업	가장 빠르게 감소하는 상위 10개 직업
1	인공지능 및 기계 학습 전문가	은행 금전 출납 직원 및 관련 직원
2	지속 가능성 전문가	우편원
3	비즈니스 인텔리전스 분석가	계산원과 티켓 판매원
4	정보 보안 분석가	데이터 입력 사무원
5	핀테크 엔지니어	행정 및 사무 비서
6	데이터 분석가와 과학자	자료 기록 및 재고 관리 직원
7	로봇공학 엔지니어	회계, 장부 및 급여 사무원
8	전자기술 엔지니어	국회의원과 공무원
9	농업 장비 운영자	통계, 금융, 보험 사무원
10	디지털 전환 전문가	방문 판매원, 뉴스나 가판대 관련 종사자

〈표 2〉 가장 빠르게 성장하는 일자리와 가장 빠르게 감소하는 일자리[22]

공지능으로 새롭게 창조되는 일자리가 대체하는 일자리보다 과연 많을 것인가? 기존의 노동자들이 인공지능 재교육을 통해 새로운 일자리를 담당할 수 있는가? 인공지능 전문가와 숙련자 들은 소수의 엘리트 계층을 이루고, 대부분의 인공지능 미숙련자는 여전히 미숙련노동에 종사하면서 쓸모없는 잉여가 되는 것은 아닌가? 자동화가 완전히 실현된 사회에서 노동은 소수 전문가 집단에게만 허용되는 사치가 되는 것은 아닌가?

어떤 노동과 일자리가 인공지능의 영향을 더 많이 받고 덜 받는지 고민하는 우리에게 인공지능은 빙그레 웃으며 이렇게 묻는 것처럼 보인다. "당신의 일은 정말 대체할 수 없는 것입니까?" 산업화가 육체노동으로 유지되었던 조립 라인을 자동화했다면, 인공지능은 정신노동으로 지탱했던 조립 라인을 자동화한다. 정신노동을 수행한다고 생각하는 화이트칼라 계급은 자기 일이 엄청나게 창의적이라고 생각하지만, 우리는 사무실에서 이뤄지는 일상 업무도 공장처럼 반복적이라는 사실을 잘 알고 있다. 특히 생성형 인공지능은 콘텐츠 생성, 데이터 분석, 고객 서비스 같은 분야에서 전통적으로 인간이 수행했던 반복 작업을 자동화할 수 있는 잠재력을 가지고 있다. 이러한 자동화는 특정 부문, 특히 수동 작업이나 일상적인 작업에 크게 의존하는 부문에서 일자리 대체를 초래할 수 있다.

인공지능의 영향을 받지 않는 일자리는 없다. 사람들은 인공지능의 도전을 새로운 일자리의 창조, 기존 인력의 재교육과 재배치 등을 통해 해결하려고 하지만, 이 과정에서 노동과 일자리 자체가 변화한다. "19세기 제조업 기술은 작업 단순화를 통해 숙련된 노동을 대체했지만, 20세기 컴퓨터 혁명은 중산층 일자리의 공동화를 가져왔다." 〈고용의 미래: 일자리가 컴퓨터화에 얼마나 취약한가?〉라는 옥스퍼드 대학 연구 보고서는 "전산화가 주로 저숙련 및 저임금 직종에 국한되어 노동시장 양극화를 향한 현재 추세가 더욱 단축될 것으로 예측한다". 이 보고서의 추정에 따르면 미국 전체 고용의 약 47퍼센트가 위험에 처해 있다. 기술 경쟁이 심화함에 따라 저숙련 근로자가 컴퓨터화에 민감하지 않은 작업, 즉 창의적이고 사회적 지능이 필요한 작업에 재배치될 것이라고 암시하면서 "노동자들이 경쟁에서 승리하려면 창의적이고 사회적인 기술을 습득해야 한다."라고 제안한다.[23] 인공지능이 위협하는 시장에서 일자리를 지키려면 인공지능보다 더 창의적이어야 한다는 것이다.

우리가 이제까지 산업화와 자동화의 과정에서 그랬던 것처럼 인공지능의 도전에도 잘 대응할 것이라는 희망 섞인 제안과 예측은 우리를 더욱 불안하게 만든다. 이번에는 다를 것이라는 혁명적인 조짐이 여러 곳에서 보이기 때문이다. "최초의 항공기가 노스캐롤라이나주 키티호크에서 지속 동력 비행을 달성한 순간까지 공기보다 무거운 장치에 묶인 인간이 날지 못한다는 것은 논란의 여지가 없는 사실이었다. 현실이 한순간에 바뀌었듯이 거의 모든 기술 분야에서 비슷한 현상이 계속해서 발생한다. 기술에 관한 한 이번은 언제나 다르다. 결국 그것이 혁신의 핵심이다. 궁극적으로, 스마트 기계가 일반인이 경제에서 요구하는 많은 작업을 수행하는 능력을 언제 능가할 것인지에 관한 질문은 경제사에서 얻은 교훈으로 대답할 것이 아니라 미래에 도래할 기술의 본성으로 대답해야 할 것이다."[24] 인공지능의 본성은 이번 4차 산업혁명이 일자리를 축소하거나 대체하는 데 그치지 않고 노동의 성격을 근본적으로 바꿔놓을 것이라고 예고한다.

기술 변화는 기존의 일을 대체하는 동시에 새로운 일을 생성하기 때문에 노동 자체가 변화한다는 사실이 쉽게 인지되지 않는다. 사람들은 시계가 발명되기 이전에 자연의 순환에 따라 삶과 노동의 리듬을 결정했다. 오랜 경험을 통해 우리는 감꽃이 필 때 콩을 심으면 된다는 것을 알았다. 시계는 우리의 삶을 근본적으로 바꿔났다. 18세기 산업혁명 이전에는 어둡고 추운 거리를 돌아다니며 긴 막대기로 사람들의 창문을 두드려 깨우는 사람들이 있었다. 이 일은 알람 시계로 대체되었고, 오늘날 인공지능 비서는 아름다운 음악과 함께 우리를 깨우면서 오늘 할 일을 알려준다. 우리는 여전히 아침에 일어나 일하러 나가지만, 노동과 일자리의 성격은 근본적으로 변하고 있다.

인공지능 시대, 노동의 의미를 다시 성찰하다

이제까지 인간만이 할 수 있었던 일이 점점 더 인공지능으로 대체되고 있다. 사람들은 이제 '인간만이(human only)' 할 수 있는 일에 관심을 가진다. 인공지능은 앞으로 표준화되고 반복적으로 수행되는 일은 인간보다 훨씬 더 잘할 것이다. 설령 어떤 일이 인간에 의해 이뤄진다고 하더라도 인공지능과 함께 수행하면 효율성이 증대될 것이다. 인간만이 제일 잘하는 영역도 남아있을 것이다. 가장 똑똑한 인간보다 더 똑똑한 일반인공지능이 나타나면, 기계 노동과 인간 노동을 구별하는 것이 무의미해질 수도 있다. 물론 똑똑하다는 것이 지혜롭다는 것을 의미하지는 않기 때문에 인간만이 할 수 있는 능력을 탐구하고 성찰하는 것이 필요하다.

5장 포스트휴먼 시대의 디지털 인간 조건

기계 기술 영향(Machine Skill Impacts)		
	자동화된 작업: 기계가 가장 잘한다	증강된 기술: 인간이 기계와 함께 가장 잘한다
설명	핵심 기능과 프로세스는 생성형 인공지능에 의해 완전히 관리되므로 인간의 개입이 최소화되거나 불필요해진다.	근본적으로 인간에 의해 이뤄지지만 생성형 인공지능 도구와 결합하면 효율성, 규모 또는 깊이가 향상된다.
예	인공지능은 사람의 도움 없이도 일상적인 고객 관리 질문에 대한 답변과 같은 **표준화되고 반복적인 콘텐츠를 생성할 수 있다.** 또한 인공지능은 인간의 지시 없이 데이터 패턴을 분석해 개별 사용자의 선호도에 맞게 콘텐츠를 **개인화하거나 맞춤화할** 수 있다.	**창의성**은 본질적으로 인간에게 있지만, 인공지능과 결합하면 인공지능이 생성한 아이디어에서 영감을 받아 혁신적인 결과를 얻을 수 있다. 마찬가지로, 인공지능이 **방대한 데이터 세트를 신속하게 처리해** 인간에게 더 나은 결정을 내릴 수 있는 통찰력을 제공할 수 있으므로 분석적 사고가 강화된다.
해당 범주의 샘플 기술	기계만이 수행 • 이미지 생성 • 서면 콘텐츠 제작 • 데이터 정렬 및 분류 • 일상적인 예측 • 언어 번역 • 심플한 그래픽 디자인 • 간단한 추세 파악	인간과 기계의 협업 • 창의성 • 분석적 사고 • 문제 해결 • 연구 • 데이터 시각화 • 전략 기획 • 예측 분석 • 신속한 프로토타입
인간 기술 영향(Human Skill Impacts)		
	새로운 기술: 인간의 필요	제한된 영향을 미치는 작업: 인간이 가장 잘한다
설명	다양한 분야에서 생성형 인공지능이 출현하고 통합됨에 따라 전문가가 관련성과 효율성을 유지하기 위해 습득해야 하는 완전히 새로운 기술 세트가 있다.	주로 인간중심적이며, 생성형 인공지능은 실행에 최소한의 영향을 미치거나 전혀 영향을 미치지 않는다. 이것은 생성형 인공지능이 (아직) 복제할 수 없는 인간 고유의 특성이나 복잡한 판단에 의존한다.

예	**지속적인 학습**은 인공지능 시대의 핵심이다. 전문가들은 끊임없이 진화하는 인공지능 환경에 지속적으로 적응하고 기술을 향상시켜야 한다. **인공지능 도구 관리**는 많은 직업에서 인공지능 도구의 효과적인 운영과 감독이 필수적인 요소가 되면서 새롭게 떠오르는 기술이다.	**감성 지능**은 인간의 감정을 이해하고 이에 반응하는 데 필수적이지만, 생성형 인공지능은 아직 감성 지능이 부족하다. 불확실하고 복잡한 환경에서 중요한 의사 결정을 내리는 데에는 종종 미묘한 이해와 지혜가 요구되기 때문에 **비판적 의사 결정**도 대부분 인간의 기술로 남아있다.
해당 범주의 샘플 기술	인간만이 수행 • 인공지능 윤리 및 규제 • 인공지능-인간 작업 관리 • 생성형 인공지능 출력 사용자 정의	인간만이 수행 • 설득과 협상 • 동기부여형 리더십 • 윤리적 판단과 정직성 • 동정심 • 인간관계 구축 • 신체적 민첩성

〈표 3〉 인공지능 영향의 네 가지 유형[25]

인공지능 시대에 자동화는 인간 노동보다 훨씬 더 생산적이고 효율적이다. 그렇지만 우리 인류가 추구하는 것은 생산성 자체가 아니다. 생산성 향상을 통해 우리가 실현하고자 하는 것은 자유와 의미 있는 삶이다. 노동과 일자리에 대한 인공지능의 영향력을 오직 비즈니스 성과만으로 측정하는 것은 옳지 않다. 인간의 삶이 방정식에서 진지하게 고려되어야 한다. 사람들이 일자리의 소멸을 두려워하는 인공지능 시대에 직업 만족, 복지, 개인 성장, 자유와 같은 인간적인 가치에 우선성을 부여하는 것이 본질적이다.[26]

그런데 우리가 인공지능의 역습에 대해 인간의 일자리를 지키는 데만 열중하다 보면 노동과 관련한 인간의 조건을 잊어버릴 수 있다. 기술이 발전하면서 인간의 일자리는 줄어들 것이 분명하다. 인공지능은 육체노동과 정신노동의 구별을 무의미하게 만든다. "기술적 개척이 발전함에 따라 오늘날 우리가 비반복적이라고 간주해 자동화로부터 보호받는 많은 직업은 결국 반복적이고 예측 가능한 범주로 분류될 것이다."[27] 우리의 일상적 삶은 사실 반복이다. 우리의 일을 여러 미세한 단계로 나누는 분업이 자동화로 강화된다면, 각 부분의 전문가가 최소한의 기술만을 보유해도 되기 때문에 언젠가는 기계에 의해 대체되어 숙련노동을 완전히 폐지할지도 모른다. 자동화가 위험한 것은 일자리의 폐지 때문만이 아니다. 자동화는 인간의 조건을 파괴하면서도 편의성과 효율성이라는 이름으로 이를 은폐하기 때문에 훨씬 더 위험하다. "앞으로 다가올 자동화의 위험은—훨씬 더 개탄스러운—자연적 삶의 기계화와 인공화가 아니라 삶의 인공성에도 불구하고 모든 인간의 생산력이 매우 강렬한 삶의 과정 속에 흡수되어 수고와 노력 없이 자동으로 영원히 반복되는 자연적 순환을 따르게 될지도 모른다는 점이다."[28]

우리의 삶을 지배하는 것은 근본적으로 생존의 필연성이다. 아렌트에 의하면 생존의 필연성이 노동과 소비를 모두 지배한다. 노동이 자연이 제공하는 것을 흡수해 신체와 결합하는 활동이라면, 우리의 생명은 이러한 노동의 결과를 소비함으로써 지속된다. 인공지능이 생존에 필요한 인간의 노동을 폐지한다면, 우리는 여전히 몸을 가진 육체적 존재로서 소비만 하게 된다. 자동화는 이렇게 소비를 인간 삶의 유일한 활동으로 만들 가능성이 있다. 힘들게 일하지 않아도 되는 인공지능 시대에 우리는 즐기기만 하면 되는가? 마르크스가 꿈꿨던 것처럼 우리는 이제 사냥꾼, 어부, 목동, 비평가 놀이만 하면 되는가? 마르크스는 노동시간이 줄어들면 그만큼 자유 시간이 늘어나고, 이 시간을 개인의 발전을 위해 쓸 수 있다고 믿었다. "여가 시간이기도 하고 더 높은 활동을 위한 시간이기도 한 자유 시간은 물론 그 소유주를 다른 주체로 변화시킨다."[29] 인공지능은 우리를 어떤 인간으로 만들 것인가?

일자리 소멸에 대한 두려움이 인간 조건에 대한 성찰로 이어질지는 의문이다. 인간의 육체노동이 기계로 대체되고, 인간의 자유 시간이 증대될 것은 확실하다. 그러나 모든 사람이 자신의 마음대로 사냥꾼, 어부, 목동, 비평가가 되지 못한다는 사실도 의심의 여지가 없다. 그것은 인공지능으로 더욱 양극화될 미래 사회에서 인공지능 숙련자의 몫이 될 가능성이 크다. 인공지능 미숙련자는 육체노동의 무거운 짐은 벗어 던졌어도 자유는 실현하지 못한 채 보편적 기본소득에 의지해 소비만 하는 잉여로 전락할지도 모른다. 아렌트가 예견한 것처럼 "노동하는 동물의 여가는 소비에만 소모되고 그에게 남겨진 시간이 많으면 많을수록 그의 탐욕은 더 커지고 더 강해진다."[30] 그것이 육체 없는 노동의 운명이다. 이제까지 우리의 일은 우리의 자존감, 다른 사람들이 우리를 보는 방식, 그리고 사회에서 우리의 위치를 결정했다. 노동이 없으면 공감도, 사회적 인정과 접촉도 줄어든다. 노동은 말 그대로 끔찍한 수고와 고통이지만, 노동 없는 사회는 더 끔찍한 디스토피아일 수 있다. 그러므로 인공지능은 우리에게 노동의 의미를 다시 성찰하라고 요구한다.

Q12. 세계 없는 '작업'은 인간을 어떻게 변화시킬 것인가?

상상이 현실이 되는 인공지능 시대에 미래를 상상하는 건 쉽지 않다. 과학과 기술의 발전 속도가 우리의 일반적인 상상력을 초월하기 때문이다. 우리가 상상은 하지만 가까운 미래에 실현될 가능성이 없다고 생각할 때의 상상은 공상이지만, 상상하면 곧바로 현실이 되는 시대의 상상은 구체적인 표상이다. 인공지능 기술이 발전해 범용화된 시대의 사회와 세계의 모습을 그려보자. 자신만이 세계를 구원할 수 있다고 믿는 일론 머스크(Elon Musk)는 첨단 과학과 기술로 세계를 바꾸려 한다. 환경 문제를 해결하려고 테슬라 전기차를 만들고, 스페이스X로 화성에 식민지를 건설하며, 우리를 풍요로운 미래로 안내하겠다며 휴머노이드 옵티머스를 개발하고, 인공지능 기술을 활용한 완전 자율 주행 자동차로 로보택시를 운영하려는 머스크의 웅대한 계획은 결코 단순한 망상이 아니다. 그의 전기가 보여주는 것처럼 "그가 상상하면 모두 현실이 된다".[31]

세상이 이렇게 빠르게 변하는데도 우리는 미래 세계의 모습을 쉽게 상상하지 못한다. 리들리 스콧은 1982년 영화 〈블레이드 러너 (Blade Runner)〉에서 2019년을 배경으로 한 미래의 모습을 인상적으로 보여줬다. 21세기 초 인류는 유전학적으로 만들어진 인조인간 '레플리컨트(Replicant)'를 만들어낸다. 사람의 모습을 한 레플리컨트는 인류가 심각한 수준의 환경오염이 진행된 지구를 떠나 새로운 거주 행성에 식민지를 건설하는 데 사용된다. 이 새로운 거주지는 '오프월드(Off-world)'라 불리고, 지구는 가난한 사람들만이 남아 존속하는 곳으로 전락한다. 수명은 매우 짧아도 인간처럼 생각하고 느끼며 말하는 레플리컨트가 노예적인 삶에 불만을 느끼고 식민지 행성에서 봉기를 일으키자 그들이 지구에서 사는 것은 불법이 된다. 지구에 불법적으로 들어온 레플리컨트를 찾아내 처형하는 특수경찰은 '블레이드 러너'라 불린다. 블레이드 러너가 인조인간을 쫓는 과정을 그린 이 이야기는 "인간이란 무엇인가?"라는 철학적인 질문을 던지는 SF 영화의 고전이다.

인간이 자신이 만든 휴머노이드와 싸우는 미래에서 우리의 삶의 터전인 지구는 언제나 스모그와 산성비로 가득 찬 어둡고 암담한 곳으로 그려진다. 우리의 삶을 위협하는 것이 기후변화든 핵전쟁이든 세계는 항상 어딘가에 인간을 위해 존립한다. 생명체가 살 수 없을 정도로 지구가 황폐해지면, 우리는 지구를 떠나 다른 행성으로 옮겨가면 된다. 이제까지 우리가 몰랐던 다른 행성은 인류의 오프월드가 되고, 인류의 삶의 터전은 지구를 넘어 우주로 확장된다. 크리스토퍼 놀란 감독의 2014년 영화 〈인터스텔라(Interstella)〉의 주인공 쿠퍼가 하는 말이 이러한 사고방식을 대변한다. "인류는 지구에서 태어났지만, 이것이 지구에서 죽어야 함을 의미하지는 않아."[32]

세계성이라는 작업의 조건

지구의 종말이 인류의 종말을 의미하지 않는다는 현대 과학의 확신은 아렌트가 말한 두 번째 인간 조건을 건드린다. 인간은 자신의 세계를 스스로 작업하는 존재다. "작업(work)은 인간의 실존에서 비자연적인 부분에 상응하는 활동이다. …… 작업은 모든 자연적 환경과는 분명하게 다른 '인공적'인 사물 세계를 제공한다. 각각의 개별적 삶은 그 경계 안에 자리 잡고 있지만, 이 세계 자체는 개별적 삶보다 더 오래 지속되고 이를 초월하는 것으로 여겨진다. 다시 말해 작업의 인간 조건은 세계성이다."[33] 인간의 역사는 사실 도구의 역사다. 과거에 우리가 죽간, 파피루스, 양피지, 종이 위에 글을 썼다면, 이제 우리는 키보드로 글을 쓴다. 우리가 쓴 글은 어디엔가 저장되었다가 우리가 원할 때 모니터 위에 모습을 드러낸다. 편지로 정보를 주고받던 사람들이 세계를 이해하는 방식은 스마트폰과 이메일로 소통하는 현대인이 세계를 이해하는 방식과 다를 것이 분명하다. '세계(world)'가 이처럼 우리를 둘러싸고 있는 사물과 세계의 연관이라면, 그것을 어떻게 경험하고 이해하는가가 '세계성(worldliness)'이다.

5장 포스트휴먼 시대의 디지털 인간 조건

우리는 인공지능이 발전하면서 새롭게 발명될 도구와 물품에 관심을 가지지만, 그로 인해 우리의 세계 이해가 변하고 있다는 사실은 쉽게 인지하지 못한다. 예컨대 자율 주행 자동차의 등장은 우리의 기술적 환경을 바꿔놓을 것이다. "머스크는 자율 주행 차가 단순히 사람들을 운전의 고단함에서 벗어나게 하는 것 이상의 역할을 할 것이라고 믿었다. 자율 주행 차는 사람들이 자동차를 소유할 필요성을 상당 부분 없애줄 것이다. 미래에는 호출하면 나타나서 목적지까지 데려다주고 다음 승객을 태우러 떠나는 무인 차량인 로보택시가 대세를 이룰 것이다."[34] 자율 주행 자동차는 미러도 페달도 운전대도 없이 움직이는 것만을 의미하지 않는다. 자동차가 발명된 이후 한동안 자동차에 부여되었던 자유의 상징은 사라질 것이다. 직접 운전할 필요 없는 차 안에서 책을 읽거나 회의 준비를 하거나 섹스를 할 수도 있지만, 자동차는 단순한 편의성의 증대로 축소될 수 없는 자유를 더는 상징하지 않는다. 자유라는 가치로 상호 연관을 맺던 사물의 세계가 사라진 자리를 무엇이 대체할지는 모르지만, 우리가 세계를 바라보는 방식이 바뀔 것만은 의심의 여지가 없다.

그렇다면 세계는 무엇이고, 인공지능 시대에 우리는 세계를 어떻게 이해하는가? 우리는 세계를 인식하고 변화하기 이전에 이미 세계를 이해하고 있다. 하이데거는 이러한 세계 이해를 '세계-내-존재(in-der-Welt-sein)'라는 매우 단순한 철학적 개념으로 설명한다. 우리 인간은 세계 안에 살면서 자신의 존재를 이해하고 관계를 맺는 매우 독특한 존재다. 간단히 말하면 우리 인간은 세계 속에 존재하는 것에 그치지 않고 그것이 무엇을 의미하는지 늘 해석하고 그 해석에 따라 세계를 만들어간다는 것이다. 하이데거가 말하는 세계-내-존재에서의 '안에(內)'는 공간적 의미만 있는 게 아니다. 본래 '~의 안에'를 뜻하는 독일어 전치사 'in'은 '거주하다', '체류하다', '친숙하다'라는 뜻의 낱말에서 유래했다고 한다.[35] "우리는 세계 안에 존재한다."라고 말할 때의 세계는 우리가 거주하고 그 안의 사물과 친숙한 관계를 맺는 상호 연관성을 의미한다.

물론 세계 안의 모든 사물이 우리에게 친숙한 것은 아니다. 우리는 세계 안에서 종종 '섬뜩한 것'을 마주한다. 독일어 낱말 '섬뜩한 것(Das Unheimliche; The uncanny)'은 일반적으로 우리에게 낯설어 이상한 동시에 두려움을 불러일으키는 것을 의미한다. 하이데거의 이 단순하고 괴이한 개념은 인공지능 시대에 세계 이해가 어떻게 변했는지를 가늠할 수 있는 실마리를 제공한다. 하이데거에 의하면 우리 인간에게는 원초적 불안이 있다. 공포의 대상이 분명하면 두려움이지만, 공포감을 불러일으키는 대상이 분명하지 않아 규정할 수 없으면 불안이다. 우리를 위협하는 매우 위험한 것이 가까이 오는 데도 그것이 어디에서 오는지 알 수 없을 때, 우리는 불안을 느낀다. "위협하는 것이 아무 데도 없다는 것이 불안의 대상을 특징짓는다."[36] 인공지능 시대에 우리를 위협하는 것은 무엇인가? 초지능 휴머노이드, 레플리컨트, 사이보그, 터미네이터라고 말한다면 그것은 공포이지 불안이 아니다. 대상이 분명하기 때문이다. 불안은 막연하고 모호하며 규정할 수 없는 것이다. 그렇다면 우리는 무엇을 불안해하는 것인가? 이 물음에 대한 하이데거의 매우 철학적인 대답은 인공지능 시대의 변화된 인간 조건을 이해하게 해준다. "불안이 불안해하는 대상은 세계-내-존재 자체다."[37] '우리가 과연 세계 안에 의미있게 존재할 수 있는가'라는 원초적인 물음이 우리를 불안하게 한다는 것이다.

우리가 자연을 정복해 거주할 수 있는 친숙한 곳으로 만들더라도, 인간으로 존재하는 동안 우리는 언제나 불안해한다. 하이데거는 불안 속에 '섬뜩한 것'이 존재한다고 말한다.[38] 우리가 자칫 잘못하면 인간으로 존재할 수 없다는 불안이 섬뜩한 것이다. 하이데거는 여기서 한 걸음 더 나아가 고대 그리스의 소포클레스를 해석하면서 인간이야말로 "섬뜩한 것 중에서 가장 섬뜩한 존재"[39]라고 규정한다. 인간이 무섭고 두려운 존재 사이에서 생존하고자 이성을 발전시켰기 때문에 섬뜩한 것이 아니다. 인간은 본성적으로 친숙한 거주지의 경계를 넘어서려는 경향을 갖고 있다. 그렇기 때문에 인간은 새로운 거주지에서 과연 인간성을 실현할 수 있을지 불안해한다. 세계를 정복하고 인간성의 경계를 넘어서려는 인간의 폭력적인 지배 행위가 바로 '기술'이다. 우리가 지금 그리고 여기서 인공지능의 기술에 대해 불안해하는 것도 바로 이 때문이다. 우리는 지금 인공지능 기술로 어떤 경계를 넘고 있으며, 그 너머에는 어떤 세계가 우리를 기다리고 있는가?

영화 〈블레이드 러너〉의 세계처럼 첨단 과학과 기술의 인공물로 구성된 미래가 우리에게 친숙하게 다가올까, 섬뜩하게 다가올까?

이것은 유토피아냐 디스토피아냐 하는 문제가 아니다. 우리가 어떤 세계에 살게 될 것인가를 놓고 던지는 존재론적 질문이다. '불쾌한 골짜기(Uncanny Valley)' 이론은 우리가 로봇이나 인간이 아닌 것에 느끼는 기이한 감정을 설명해준다. 일본의 로봇공학자 모리 마사히로(森政弘)가 제안한 이 이론에 따르면, 로봇이 인간의 모습과 비슷해질수록 인간이 로봇에 대해 느끼는 호감도가 증가하다가 어느 정도에 도달하면 갑자기 강한 거부감으로 바뀐다. 이렇게 인간과 흡사한 로봇의 모습과 행동에 대해 거부감이 느껴지는 영역을 '불쾌한 골짜기'라고 한다.[40]

우리가 인공지능을 갖춘 휴머노이드에 대해 느끼는 것은 결코 불쾌감만이 아니다. 어쩌면 챗GPT의 등장에서 알 수 있는 것처럼 인간과 거의 구별되지 않는 로봇은 이제 더는 불쾌감을 불러일으키지 않을지도 모른다. 우리가 느끼는 것은 섬뜩한 불안이다. 모리 마사히로의 '불쾌한 골짜기'에서 '불쾌한'이라는 낱말은 사실 그가 의존하고 있는 독일의 심리학자 에른스트 옌치(Ernst Jentsch)의 〈섬뜩한 것의 심리학을 위하여〉라는 논문에서 유래한다.[41] 옌치도 하이데거와 마찬가지로 '섬뜩하다'라는 낱말이 '집에 없다'거나 '편안하지 않다'라는 뜻에서 비롯했다는 데 주목하면서, 이 단어가 어떤 일이나 사물이 그 사람에게 낯설거나 적어도 낯설어 보인다는 것을 표현한다고 말한다. 그에 의하면 우리는 사람과 구별하기 어려운 밀랍이나 유사한 형상을 보면 '섬뜩함'을 느낀다. 지금도 시칠리아 팔레르모의 카타콤을 방문했을 때 느꼈던 섬뜩함이 생생하다. 수도사와 성직자뿐만 아니라 어린이들까지 16세기 당대에 유행했던 옷을 입힌 수천 구의 미라를 보존해 전시한 지하 묘지는 괴이하고 섬뜩했다. 이들은 모두 죽었지만, 그와 동시에 살아있는 상태에 관한 생각을 불러일으킨다. 우리가 살아있으면서도 실제로는 죽음을 향해 달려가는 존재라는 사실을 인식할 때, 우리는 섬뜩해지는 것이다.

인공지능의 확장이 과연 인간도 확장시키는가

그렇다면 인공지능 시대의 세계는 우리에게 어떤 감정을 불러일으키는가? 우리 인간은 탄생과 죽음 사이에서 실존한다. 탄생이 무한한 실존의 가능성이라면, 죽음은 더는 존재할 수 없음의 시간이다. 그러므로 인간의 실존에는 언제나 진정한 의미에서 존재할 수 있음과 존재할 수 없음이 동시에 있다. 우리가 그 안에서 존재하는 세계가 집처럼 편안하고 친숙할 수도 있고, 집이 아닌 것처럼 불편하고 불안할 수도 있다. 오늘날 인공지능은 인간의 수명을 늘릴 뿐만 아니라 우리 인간에게 기술적 불멸을 선사하려 한다. 우리는 몸이라는 생물학적 조건을 종종 망각하고, 우리의 의식을 하드웨어에 업로드해 영원히 살 수 있다고 생각한다. 여기서 하드웨어가 굳이 생물학적 유기체일 필요는 없다. 우리 인간이 기계가 되거나 기계와 공존하면 된다.

인간이 만든 미래의 인공 세계가 어떤 방향으로 전개될지 알기 위해서는 인공지능 혁명의 성격을 정확하게 판단할 필요가 있다.

아렌트는 인공지능의 방향이 이미 1957년 인간이 만든 인공위성이 우주로 발사되었을 때 결정되었다고 본다. 아렌트가 인간 조건에 관한 성찰을 소련의 스푸트니크 1호의 발사 장면에 대한 묘사로 시작하는 것은 우연이 아니다. 인류가 지구에 영원히 속박된 채 있지 않을 것이라는 과학적 인식은 지구를 낯선 감옥처럼 느끼게 만들고, 지구로부터 탈출하려는 인간의 욕망을 부추긴다. "지구가 결정적으로 축소된 것은 비행기 발명, 즉 지구 표면으로부터 떠날 수 있는 도구를 발명한 결과다. 이 사실이 상징적으로 말해주는 것은 인간이 지구로부터 더욱더 멀어지고, 따라서 인간이 자신의 지구적 거주 환경으로부터 결정적으로 소외되는 희생을 치르고서만 지상에서의 모든 거리 축소가 이뤄질 수 있다는 일반적 현상이다."[42] 우주 정복으로 표현되는 인공지능이 초래하는 것은 바로 '지구 소외'와 '세계 소외'다.

인공지능의 최종 목적은 세계 정복으로 보인다. 인공지능 이전의 세계 정복이 인간의 생물학적 조건 안에서 이뤄졌다면, 인공지능 이후의 세계 정복은 인간의 생물학적 조건 자체를 뛰어넘으려 한다. 현재의 과학과 기술로는 인간이 우주의 다른 곳에서 거주할 수 있는 행성을 찾아내더라도 자신의 생물학적 조건에 부합하는 인공 환경을 건설해야 한다. 그럼에도 우리 인간이 지구를 떠날 수 있다는 과학적 신념은 인류의 생태학적 조건을 근본적으로 변화시켜 지구 소외를 초래한다. 콜럼버스의 대륙 발견이 분명히 말해주는 것처럼, 지구상에서 이용 가능한 공간이 광대하다는 사실을 발견한 그때부

5장 포스트휴먼 시대의 디지털 인간 조건

터 지구의 축소는 시작되었다. 마찬가지로 인간이 정복할 우주의 공간이 무한하다는 과학적 인식은 지구를 추상적인 공간으로 축소시킨다.

추상화는 대상과의 감각적 접촉이 불가능해져 구체성을 상실하는 것을 의미한다. 미국의 천문학자이자 천체물리학자로 잘 알려진 칼 세이건(Carl Sagan)은 외계 지적 생명체를 탐사하는 우주생물학의 선구자이기도 하다. 그의 주도로 보이저호가 61억 킬로미터 떨어진 우주에서 촬영한 '창백한 푸른 점(Pale Blue Dot)'은 지구의 추상화를 상징적으로 보여준다.[43] 보이저 1호의 카메라를 지구 쪽으로 돌렸을 때 지구는 거대한 우주의 암흑 속 붉은 태양 반사광의 띠 위에 놓인 희미하고 푸른 점으로 나타난다. 현대 과학은 언제나 구체적 현실을 떠나 탐구 대상을 총체적 관점에서 지각할 수 있는 관점을 추구한다. 자신에게 지구 밖에 서 있을 수 있는 확고한 점과 긴 지렛대만 주어진다면 지구를 들어올릴 수 있다고 주장한 고대 그리스 수학자 아르키메데스에서 유래한 '아르키메데스 점(Archemedean Point)'은 현대 과학의 핵심과 방향을 말해준다. 데카르트도 "지구 전체의 위치를 옮기기 위해 확고부동한 일점 외에 아무것도 요구하지 않은 아르키메데스를 따라 자신도 또한 확실하고 흔들리지 않는 최소한의 어떤 것을 찾게 된다면 큰 것을 희망할 수 있을 것"[44]이라고 말한다. 현대 과학과 결합한 첨단 기술은 바로 이 점을 우주 속에서 찾는 것이다.

'아르키메데스 점'은 결코 단순한 은유가 아니다. 그것은 과학과 과학자의 세계관이다. 과학자가 먼저 우리 세계를 객관적으로 조망할 수 있는 관점을 발견한 후, 그다음에는 철학자가, 마지막으로 모든 사람이 이 관점에서 세계를 바라보고 있다고 생각한다. "우리는 항상 자연을 지구 밖 우주의 한 점의 관점에서 다룬다. 아르키메데스가 서 있기를 원했던 곳에 실제로 서지 못하고, 인간의 조건 때문에 여전히 지구에 구속되어 있는 우리는 마치 외부, 즉 아르키메데스적 점으로부터 지구를 마음대로 할 수 있는 양, 지상에서 그리고 지상의 자연 안에서 행동하는 방식을 발견했다."[45] 아렌트는 현대 과학과 기술에 의한 지구 소외가 우리가 사는 땅과 우리 몸의 감각에 대한 반역이라고, 즉 인간 조건에 대한 반역이라고 말한다. 현대 과학의 목표는 더는 인간의 경험을 증대하고 질서를 부여하는 것이 아니라, 인간의 감각과 정신에 드러나는 자연현상 뒤에 무엇이 있는지 발견하는 것이기 때문이다. 현대 과학이 단호하게 거부했던 형이상학이 거꾸로 실현되는 역전 현상이 일어난다. 전통 형이상학이 현상 뒤의 본질을 전제하면서도 우리의 감각적 현실을 무시할 수 없었다면, 현대 과학은 현상 뒤에 숨겨진 것을 우리가 볼 수 있도록 찾아냄으로써 우리의 감각을 파괴한다. 이러한 과정에서 다양한 생명이 사는 아름다운 지구는 '창백한 푸른 점'으로 축소되고 추상화된다.

물론 칼 세이건은 우리가 살고 있는 지구가 생명을 간직할 수 있는 유일한 장소이며 적어도 가까운 미래에 우리 인류가 이주할 수 있는 행성은 없다고 강조하면서, 저 창백한 푸른 점을 아끼고 보존

　　　　　　　　　5장 포스트휴먼 시대의 디지털 인간 조건

해야 한다고 말한다. "이렇게 멀리 떨어져 있는 유리한 점에서 보면 지구는 특별해 보이지 않습니다. 그러나 우리 인류에게는 다릅니다. 저 점을 다시 생각해보십시오. 저 점이 우리가 있는 이곳입니다. 저 곳이 우리의 집이자, 우리 자신입니다. 당신이 사랑하는 모든 사람, 당신이 아는 모든 사람, 당신이 들어본 모든 사람, 지금까지 존재했던 모든 인간이 저 점 위에서 자신의 일생을 살았습니다." 칼 세이건이 1994년 코넬대학교에서 행한 이 유명한 연설은 "우리의 모든 기쁨과 고통"이 존재했던 지구를 보존하려면 "우리가 우주에서 특별한 위치를 차지하고 있다는 망상"을 버리고 겸손해져야 한다고 강조한다.[46]

아렌트가 말한 것처럼 지구는 가장 핵심적인 인간 조건이다. 인공지능은 이러한 인간 조건을 해체하려 한다. 인간의 중심을 인간의 몸 밖으로 확장하려는 인공지능의 운동은 정확하게 현대 과학의 경향을 따른다. 우리 인간에게는 자신의 상황과 자기 자신을 초월하는 능력이 있다. 인간은 몸으로 존재하는 동시에 자신의 몸을 관찰한다. 우리는 지구에 사는 동시에 지구 밖의 우주에서 지구를 촬영한다. 여기서 우리의 몸과 지구는 중심 위치를 나타낸다. 이러한 중심 위치에 있어서 우리는 세계 그리고 외부 세계와 접촉한다. 인간은 한편으로는 중심을 찾고, 다른 한편으로는 자신의 세계를 확장하려고 중심에서 벗어나려는 이중적 존재다. 인공지능은 인간 지능의 외부 확장이다. 이러한 확장이 신체적 존재인 인간의 중심을 파괴하고, 인공 세계를 무한히 확장함으로써 지구의 의미를 무시한다.

인공지능으로 인간 조건이 근본적으로 변화한다면, 그것은 인간을 가운데에 놓는 '중심적(centric)' 사고에서 인간을 초월해 우주로 나아가는 '탈중심적(eccentric)' 사고로의 전환을 의미할 것이다. 우리가 인공지능을 개발하고 로봇이나 사이보그를 만든다고 할 때 우리가 정말로 만드는 것은 대체 무엇인가? 이 물음에 답하려면 아렌트의 질문을 진지하게 받아들여야 한다. "인간의 우주 정복으로 인해 인간의 위상이 커졌습니까, 줄어들었습니까?"[47]

Q13. 기계화된 소통은
어떻게 정치 없는 '행위'로 이어지는가?

노동이 자동화로 인해 육체와의 연관을 상실하고 작업이 인공 세계를 무한히 확장함으로써 인간을 세계로부터 소외시킨다면, 우리 인간의 행위가 이뤄지는 공간 역시 근본적으로 변화한다는 것은 의심의 여지가 없다. 인공지능이 초래할 인간 조건의 변화 중에서 가장 심각하고 근본적인 것은 어쩌면 '행위'의 변화일지도 모른다. 아렌트의 마지막 인간 조건은 행위다. "행위는 사물이나 물질의 매개 없이 인간들 사이에서 직접적으로 이뤄지는 유일한 활동이다. 행위는 다수성이라는 인간의 조건, 즉 한 인간이 아니라 다수의 인간이 이 지구상에 살고 세계에 거주한다는 사실과 일치한다. 인간의 조건의 모든 측면은 어떤 식으로든 정치와 연관되기는 하지만, 다수성은 모든 정치적 삶의 '필요조건'일 뿐만 아니라 '가능 조건'이라는 의미에서 절대적 조건이다."[48] 아렌트에 의하면 내적 또는 외적 자극에 대한 생물체의 반응을 이르는 '행동(behavior)'과 달리, 사람이 의지를 갖고 다른 사람들과 무언가를 시작하는 행위만이 진정한 의미에서 인간적이다. 모든 행위는 정치적이고, 정치는 사람들 사이에서 이뤄진다.

정치는 사람들 사이에서 이뤄지는 까닭에 언제나 사람들이 모이는 공간을 전제한다. 동등한 시민의 참여와 개인의 권리를 기반으로 하는 민주주의가 고대 그리스의 '아고라(Agora)'와 로마 공화정의 '포럼(Forum)'에서 발전했다는 것은 결코 우연이 아니다.[49] 고대 아테네의 중심에 있는 아고라는 여러 기능을 가진 공공 공간으로 사용되었다. 소크라테스가 동료 시민들과 대화하고 지적으로 교류했으며, 소포클레스가 당시 그리스 사회의 도덕적 딜레마와 사회적 문제를 다룬 비극을 선보인 무대도 아고라였다. 시민들은 아고라에 모여 국가 문제를 논의했고, 입법안을 제안했으며, 정책을 심의했다. 평상시에는 수백 명이 모였지만, 중요한 집회가 있을 때는 공중이 수천 명으로 늘어났다. 아테네 의회인 에클레시아(Ecclesia)가 이곳에서 정기적으로 모임을 가졌다. 광장은 철학자, 상인, 장인, 정치인 등의 활발한 대화로 붐볐다. 아고라는 단순한 물리적 공간이 아니었다. 그것은 아테네 시민들이 자신들의 이야기를 만들어간 정치적 공간이었다.

한편 포럼은 공화정 시기에 로마 인구의 엄청난 규모와 정치 생활의 규모를 반영해 수만 명을 수용할 수 있었다. 로마 시민들은 상업, 종교의식, 정치적 토론 등 다양한 목적으로 포럼에 모여들었다. 사원, 바실리카, 공공건물로 둘러싸인 포럼의 건축물은 시민들이 토

5장 포스트휴먼 시대의 디지털 인간 조건

론에 참여하고 연설자의 말을 들으며 법적 절차를 목격할 수 있는 독특한 공간을 만들었다. 당시 로마의 인구가 100만 명을 넘겼기 때문에 모든 시민이 정치적 의사 결정 과정에 직접 참여할 수는 없었다. 시민들은 자신을 대신해 토론하고 결정을 내리는 대표자를 선출했다. 평민은 비록 원로원에서 제외되었지만, 호민관과 민회를 통해 자신들의 의견을 표명할 수 있었다. 율리우스 카이사르가 루비콘강을 건넌 후 군중에게 자신의 정당성을 주장한 곳도, 유명한 연설가 키케로가 웅변을 통해 정치와 법적 담론에 영향을 미친 곳도 포럼이었다.

공론장이 근본적으로 바뀌고 있다

정치는 언제나 공적 공간을 필요로 한다. 정치는 우리가 말과 행위를 통해 인간 세계에 참여하는 것이다. "사람들은 행위하고 말하면서 자신을 보여주고 능동적으로 자신의 고유한 인격적 정체성을 드러내며 인간 세계에 자신의 모습을 나타낸다."[50] 인간은 정치를 통해 다른 사람과 자신을 구분하는 정체성을 획득하는 동시에, 나와 다른 사람을 연결해주는 공공선을 만들어간다. 이것은 오직 사람들이 모이는 공론장에서만 가능하다. 공론장이 변하면 인간의 행위도 근본적으로 바뀐다. 사람들이 모여서 공적 문제를 논의했던 광장이 사라지고 연설과 웅변을 통해 형성되었던 여론이 대중매체를 통해 선전과 선동으로 바뀐 현대사회에서 우리의 행위는 어떻게 변화할까? 이 물음에 대한 아렌트의 암시적 대답은 우리를 두렵게 만든다. "아무튼 말을 수반하지 않는 행위는 계시적 성격을 잃을 뿐만 아니라 자신의 주체성도 잃는다. 따라서 행위하는 인간이 아니라 일을 수행하는 로봇은 인간이 여전히 이해하지 못한 무엇인가를 하게 될 것이다. 말 없는 행위는, 행위하는 주체가 없기 때문에 더는 행위가 아니다. 행위자는 그가 동시에 말의 화자일 경우에만 행위자일 수 있다."[51] 로봇은 행위하지 않는다. 오직 인간만이 행위한다. 그러나 이러한 전제는 인간처럼 느끼고 생각하며 말하는 인공지능 로봇을 통해 깨지고 있다.

사람들이 소통하는 공론장이 근본적으로 바뀌고 있다. 오늘날 대부분의 사람들은 신문이나 방송 같은 미디어를 이용하는 대신 트위터나 페이스북 같은 소셜 미디어를 통해 다른 사람들과 소통하고 관계를 맺는다. 과거 정치적 행위가 이뤄졌던 광장이 이제는 소셜 미디어 플랫폼으로 대체된 것이다. 소셜 미디어는 음식 배달 앱이 우리의 식단에 유입된 것보다 더 깊이 우리의 생활에 스며들었다. 신문·잡지·방송 같은 전통 미디어의 소비는 전 세계적으로 감소하고 있다. 특히 인쇄 매체의 감소는 심각하다. 독일의 경우 TV의 출현 이후 일간지의 영향력은 1964년 69퍼센트에서 2015년 33퍼센트로 점점 더 줄어들었는데, 이 경향은 소셜 미디어의 출현으로 훨씬 가속화되었다. 2005년에 60퍼센트에 달했던 인쇄 신문과 잡지의 범위는 2020년 22퍼센트로 쪼그라들었다. 1980년대의 독자들이 신문을 읽는 데 매일 평균 38분을 쓰고 잡지에 11분을 썼다면, 2020년에

는 신문과 잡지를 통틀어 15분밖에 사용하지 않았다.[52]

소셜 미디어는 오늘날 많은 사람에게 중요한 뉴스 소스다. 여러 통계에 의하면 응답자의 50퍼센트 이상이 뉴스 소스로 소셜 미디어를 사용한다고 답했다. 데이터 수집 및 시각화를 전문으로 하는 독일 온라인 플랫폼 슈타티스타(Statista)에 따르면, 전 세계 소셜 미디어 사용자 수는 2020년 39억 6,000만 명에서 2025년 약 44억 1,000만 명에 이를 것으로 예상된다. 소셜 미디어 사용자의 이처럼 엄청난 증가는 한편으로는 공론장의 구조 변동을 암시하고, 다른 한편으로는 글로벌 커뮤니케이션에 대한 소셜 미디어 플랫폼의 광범위한 영향력이 증대하고 있음을 가리킨다. 고대 그리스의 아고라와 로마의 포럼에서 웅변과 연설이 중요했다면, 구텐베르크 혁명 이후 공론장은 문자 매체를 중심으로 변화했다. 오늘날 인공지능으로 강화된 소셜 미디어는 이제 새로운 공론장의 변동을 야기하고 있다.

소셜 미디어가 처음 등장했을 때 사람들은 이 새로운 매체가 민주주의를 발전시킬 것이라고 환영했다. 소셜 미디어는 개인이 전례 없는 방식으로 저널리즘과 행동주의에 참여할 수 있는 권한과 기회를 부여했다. 트위터나 인스타그램 같은 플랫폼은 사회운동을 동원하고 다양한 사회 및 정치 문제에 대한 인식을 높이는 데 중요한 역할을 했다. 2010년 튀니지에서 시작돼 이집트와 리비아 등 서아시아 국가 및 북아프리카 국가로 확산해 오랜 기간 이어진 장기 집권 체제를 무너뜨린 '아랍의 봄'은 소셜 미디어 없이는 불가능했을지도 모른다. 성범죄를 당한 당사자들이 '나도 말한다(Me Too)'며 그 심각성을 알린 '미투 운동'은 소셜 미디어에 해시태그(#MeToo)를 다는 것으로 급속도로 확산되었다. 그 이후 #BlackLivesMatter 운동은 소셜 미디어에서 상당한 관심을 끌었으며 대화를 촉발하고 실제 변화를 주도했다. 소셜 미디어는 정보 소비 방식, 미디어 기관에 대한 신뢰, 정보의 확산, 양극화, 시민 저널리즘 및 행동주의의 부상 등 공공 영역에 지대한 영향을 미쳤다. 이러한 변화는 디지털 시대의 진화하는 커뮤니케이션 특성을 반영하며 건전한 대중 담론을 육성하기 위한 기회와 과제를 모두 제공한다.

그렇다면 소셜 미디어는 민주주의의 새로운 매체인가? 소셜 미디어 플랫폼은 기껏해야 수백 명 또는 수천 명이 모였던 전통 시대의 광장을 대신해 수십억 명의 사람이 참여해서 자신의 의견을 주장할 수 있는 새로운 광장인가? 소셜 미디어와 함께 업데이트된 포퓰리즘과 가짜 뉴스는 이 물음에 대한 긍정을 주저하게 만든다. 소셜 미디어를 통한 뉴스 소비가 증대할수록 뉴스에 대한 신뢰는 거꾸로 떨어진다. 평균적으로 10명 중 4명은 여전히 뉴스를 신뢰한다고 답하지만, 뉴스에 대한 신뢰도는 점점 떨어지는 추세가 세계적으로 확인된다. 이러한 경향과 맞물려 신문과 잡지, TV 같은 전통 미디어의 소비는 더욱더 감소하고 있을 뿐만 아니라 뉴스 미디어를 외면하고 어떤 경우에는 뉴스와의 연결을 완전히 끊는 사람도 늘어나고 있다. 뉴스에 대한 관심은 2017년 63퍼센트에서 2022년 51퍼센트로, 시장 전반에 걸쳐 급격히 감소했다.[53] 소셜 미디어 플랫폼이 커질수록 뉴스에 대한 관심은 줄어들어 결국 정치적 무관심을 초래하는 역설적 현상이 벌어지고 있다.

소셜 미디어 영역은 정치 및 사회 문제를 토론하고 종종 격렬한 논쟁을 벌이는 새로운 공론장이 되었다. 하지만 이 공간은 오히려 지속 가능한 민주주의를 훼손하는 결과를 가져온다. 소셜 미디어는 많은 나라에서 민주주의에 좋은 것으로 생각되었지만, 많은 사람은 소셜 미디어가 사람들을 조종하고 분열시키는 것을 더 쉽게 만들었다고 생각한다. 트럼프가 등장한 이래 미국에서는 소셜 미디어가 나쁜 영향을 미친다고 생각하는 사람이 좋은 역할을 한다고 생각하는 사람보다 훨씬 더 많다.[54] 소셜 미디어 플랫폼은 사람들이 쉽게 정보에 접근할 수 있도록 만들지만, 잘못된 정보와 허위 정보를 증폭시키는 역할도 수행한다. 실제 이야기보다 훨씬 더 빨리 퍼지는 가짜 뉴스가 정보를 더 많은 사람에게 도달하게 만드는 소셜 미디어 플랫폼과 만나면, 디지털 시대 공론장의 변동과 변질이 어떻게 어떤 정도로 이뤄질지는 쉽게 상상하기 어렵다.[55]

디지털 혁명 이후 나타나기 시작한 공론장의 변동이 인공지능과 결합하면서 더욱 근본적으로 일어나고 있다는 사실은 이제 모두에게 상식이 되었다. 위르겐 하버마스(Jürgen Habermas)가 1961년 발표한 《공론장의 구조변동》은 오랫동안 공론 영역을 분석하는 작업에 커다란 영향력을 끼쳤지만, 디지털 전환 이후 그 중요성이 감소하고 있다는 사실이 이를 잘 말해준다. 인공지능과 결합한 소셜 미디어의 발전으로 인한 공론장의 변동은 하버마스의 이론과 패러다임으로 더는 쉽게 설명할 수 없기 때문이다. 하버마스 스스로 2022년 《공론장의 새로운 구조변동》이라는 책을 냄으로써 소셜 미디어와 공론장의 관계에 대한 입장을 표명할 수밖에 없는 상황이 그 증거다.

하버마스가 《공론장의 새로운 구조변동》에서 우리에게 들려주는 마지막 문장은 새로운 공론장에 대한 희망을 일깨우기보다 절망에서 나오는 도덕적 요청에 가깝다. "가짜 뉴스가 가짜 뉴스로 식별될 수 없는, 즉 진짜 정보와 구별될 수 없는 상상하기 어려운 가짜 뉴스의 '세계'에서 어떤 아이도 임상 증상을 나타내지 않고는 자랄 수 없을 것이다. 그러므로 공론장의 포용적 성격과 여론 형성의 숙의적 성격을 가능하게 하는 미디어 구조를 유지하는 것은 정치적 결정이 아니라 헌법적 명령이다."[56] 공론장이 건강하게 작동하려면 공론장에 가짜 뉴스와 진짜 뉴스를 구별할 수 있는 비판적 장치가 있어야 한다는 것이다. 이러한 비판적 능력이 소셜 미디어에 의해 증진되기보다 더욱 훼손된다면, 우리는 새로운 공론장을 어떻게 유지할 수 있는가? 공론장을 구성하는 매체가 자정 능력과 비판 능력을 상실했다면, 우리는 어떻게 이를 회복할 수 있는가?

소셜 미디어는 공론장을 확장하는가, 폐쇄하는가

고대 아테네나 로마와 달리 현대적 의미의 공론장은 실제로 개인이 탄생하고 사회가 발생함으로써 생겨났다. 여기에 구텐베르크 혁명으로 일반 대중이 인쇄 매체를 통해 정보에 쉽게 접근할 수 있게됨으로써 새로운 종류의 공론장이 만들어진 것이다. 신문과 잡지,

살롱과 커피 하우스는 사회적 문제에 대해 비판적 여론을 형성하는 새로운 공간을 만들었다. 17세기 프랑스에서 '공중(le public)'이라는 낱말이 예술의 수용자·소비자·비평가로서의 독자와 관람객을 의미했던 것처럼, 공중은 특정한 미디어를 소비함으로써 자신의 의견을 형성하는 개인들의 집단이다. '공중'이라는 말이 '여론'이라는 낱말과 거의 동시에 탄생했다는 것이 이를 입증한다. 이러한 공공성의 주체는 여론의 담지자로서의 공중이다. 그러므로 공론장은 모든 사람에게 열려있다는 의미에서 '공개성'과 비판적 기능과 연관된 '공공성'을 전제한다.

하버마스는 이렇게 시장과 사회의 발전과 함께 새로이 형성된 공론장에는 여론을 통해 사회를 계몽할 수 있는 비판적 잠재력이 있다고 전제한다. 이러한 잠재력은 개인들이 대중매체를 단순히 소비하는 데 그치지 않고 비판적 공중으로 결집할 때만 발현된다. 개인들은 어떤 문제에 대해 사적인 의견을 비공식적으로 가질 수 있다. 그들의 의견은 공공적 의사소통을 통해서가 아니라 단지 공적으로 발표된 의견을 수용함으로써 형성된 것이다. 엄밀한 의미에서의 여론은 "비판적 공개성에 의해 매개되는 정도에 따라서만" 형성된다. "이러한 매개는 오늘날 사회적으로 중요한 규모에서 보면 사적 개인들이 조직화된 공론장을 통한 공식적 의사소통 과정에 참여함으로써만 가능하다."[57] 공론장의 성격에 따라 개인들은 토론을 통해 자신의 의견을 형성하는 '공중'이 되기도 하고, 대중매체의 영향을 받아 다른 사람의 의견을 단지 소비하는 '대중'이 되기도 한다.

공론장의 구조를 변화시키는 동력은 바로 공론장의 이중성이다. 공론장을 구성하는 개인은 사적 영역에 속해 있으면서도 공적 담론에 참여하는 주체이기 때문이다. 공론장에 참여하는 개인들을 매개하는 미디어가 이들을 사적 개인으로 만들 수도, 공적 주체로 만들 수도 있다. 하버마스는 공중의 비판적 능력을 믿고 기대하면서도 이미 공중이 언제든지 대중으로 전락할 수 있음을 간파한 것처럼 보인다. 《공론장의 새로운 구조변동》에서 '문화를 논하는 공중에서 문화를 소비하는 공중으로'라는 장 제목이 그 방향을 암시한다. 오늘날 대중매체는 문화 산업의 생산품만을 공적으로 전파하지 않는다. 정치 포럼, 문화 조직, 종교 아카데미가 비판적으로 전담했던 토론과 평론마저 상업화되면서 토론 자체가 은밀한 방법으로 "소비재 형태"[58]로 변질되었다. 새로운 매체와 함께 의사소통의 형식 자체가 변화한다. 라디오와 텔레비전을 통해 전문적 대화와 공개 토론을 수용했던 대중은 이제 유튜브와 소셜 미디어를 통해 여론을 소비한다. "공중은 비공공적으로 논의하는 소수 전문가들과 공공적으로 수용하는 소비 대중으로 분열된다. 이로써 공중의 특유한 의사소통 형식이 상실되었다."[59] 대중매체에 의해 만들어진 세계는 오직 표면적으로만 공론장이다. 새로운 미디어의 발전으로 공론장에 참여하는 대중이 확대될수록 토론을 하고 비판적 여론을 형성할 수 있는 공중의 능력은 쇠퇴한다.

구텐베르크 혁명을 통해 형성되었던 공론장은 오늘날 새로운 미디어를 통해 혁명적으로 변화하고 있다. 인공지능을 갖춘 소셜 미디어 플랫폼은 공론장의 공개성을 무한히 확장한 것처럼 보인다. 오늘날 사람들은 언제 어디에서나 소셜 미디어로 매개된 공론장에 접속할 수 있다. 소셜 미디어는 공간과 시간의 경계를 제거함으로써 세계를 하나의 생활공동체로 압축시켰다. 미디어를 통해 유통되는 문화 상품은 분화되고 다양해졌다. 그러나 이것은 혁명적이지 않다. 소셜 미디어의 혁명적 성격은 모든 잠재적 소비자를 원칙적으로 독립적이고 동등한 생산자로 만든다는 데 있다.[60] 소셜 미디어 플랫폼은 전통적 미디어와 달리 편집하지 않고 선택하지 않으며 생산하지 않는다. 그들은 글로벌 네트워크를 통해 새로운 연결을 만들어낼 뿐이다. 그들은 전통적 미디어가 담당했던 생산적 역할을 포기함으로써 소비자들에게 주체적이고 생산적인 기능을 부여한 것처럼 보인다.

소셜 미디어가 만들어낸 가상의 공론장에서 대중은 의견과 여론을 소비한다. 대중은 '좋아요'와 '하트'를 누르면서 공론장에 생산자로 참여하는 것처럼 보인다. 하지만 이러한 가상은 그들이 실제로는 단순한 소비자에 불과하다는 사실을 교묘하게 은폐할 뿐이다. 인공지능은 이러한 경향을 강화한다. 라디오와 텔레비전을 통해 이미 감지되었던 공론장의 탈정치화 경향은 인공지능을 통해 더욱 심화할 것이다. 인공지능은 이미 데이터 편향과 알고리즘 편향을 통해 공론장을 왜곡하고 있다. 오늘날 우리가 가짜 뉴스와 진짜 뉴스를 구별할 수 없게 된 것이 대표적인 증거다. "정치적 공론장의 인식을 광범위하게 변형시키는 데 중요한 것은 가짜 뉴스의 축적이 아니라 오히려 관련자들의 관점에서 가짜 뉴스가 더는 가짜 뉴스로 식별될 수 없다는 사실이다."[61]

우리는 소셜 미디어가 공론장에 다양성을 부여할 것이라 믿었다. 그러나 소셜 미디어 플랫폼은 잘못된 정보와 허위 정보를 증폭시키는 데 그치지 않는다. 소셜 미디어 알고리즘은 개인이 자신의 세계관과 일치하는 콘텐츠에 노출되는 '반향실(echo chamber)'을 만들어 사용자의 기존 신념을 강화하는 경향이 있다. 이는 사람들이 다양한 관점을 접하고 다른 의견을 가진 사람들과 의미 있는 대화에 참여할 가능성을 줄인다. 그렇기 때문에 소셜 미디어 알고리즘은 공공 영역 내에서 양극화를 증가시키는 데 기여할 수 있다. 이미지를 생성하고 텍스트를 번역하며 음성을 모방할 수 있는 생성형 인공지능은 인간과 유사한 콘텐츠를 생산할 뿐만 아니라 인간과 같은 새로운 에이전트를 창조할지도 모른다. 소셜 미디어가 만든 가상의 공론장에서 유통되는 것이 인간의 생산물인지, 아니면 인공지능의 창조물인지는 알 수 없다. 인간과 인간의 소통에 초점을 맞춰온 이론으로는 인간과 기계의 소통이 중요해진 인공지능 시대의 공론장을 설명할 수 없다.[62]

우리가 행위한다는 것은 언제나 모든 것을 보고 들을 수 있는 공론장에서 다른 사람과 관계 맺는 것을 의미했다. 인공지능을 갖춘 소셜 미디어는 이러한 행위의 가능성에 심각한 영향을 끼친다. 아렌트가 말하는 행위의 인간 조건이 변하고 있음이 분명하다. 인공지능은 한편으로는 더 나은 콘텐츠를 제작하고 싶은 생산적 욕망과 다양한 사용자의 특정 요구에 맞게 정보에 접근하고 사용할 수 있도록 공론장을 다양화한다는 희망을 일깨운다. 다른 한편으로는 인공지능 소셜 미디어 플랫폼이 정보와 지식의 풀을 오염시키고 정보 전염병을 일으킬 수 있다는 두려움도 존재한다.[63] 이들 진단 중 어느 것이 더 적절한지는 아직 불분명하지만, 인간 조건이 변화하고 있는 것만은 분명하다. 행위가 불가능해지면 정치는 사라진다. 우리가 인공지능 시대에 인간으로 살려면, 우리는 우리의 행위에 심각한 영향을 미치는 인공지능을 통제할 수 있어야 한다. 그러기 위해서는 인공지능의 문제를 합리적으로 논의할 수 있는 새로운 공론장이 만들어져야 한다. 인공지능이 유발하는 공론장의 긴장 관계를 해결하려면 그 어느 때보다 '지혜'가 필요한 시기다.

———————————————————————————— EPILOGUE

소크라테스의 지혜가 필요한 시간

인공지능 시대에 우리는 지금 지성 혁명의 중심에 서 있다. 인간이 세계에 관한 정보를 얻고, 세계를 이해하며, 세계와 관계 맺는 방식이 근본적으로 변하고 있다. 사람들은 여전히 신문과 잡지를 읽고 라디오와 TV를 보면서 인공지능이 가져올 미래의 모습을 그리고 걱정하기 때문에 이러한 혁명적 변화를 감지하지 못한다. 음성과 문자 그리고 이미지를 통합한 디지털 매체 혁명은 우리의 편의만을 증대시키지 않았다. 인공지능으로 작동하는 디지털 매체는 음성과 문자, 이미지에 대한 우리의 감각도 변화시켰다. 전통 시대에는 "백 번 듣는 것보다 한 번 보는 것이 낫다."라는 고사성어가 당연한 것으로 여겨졌다. 멀리 떨어진 곳에서 추상적으로 논의하는 것은 아무 소용 없으며 직접 경험해야 제대로 알 수 있다는 뜻이다. 인공지능 기반 디지털 미디어는 소통 공간을 축소해 거리를 무의미하게 만들고, 소통 내용도 추상화해 구체적 경험을 불필요하게 만든다. 시간과 공간을 뛰어넘어 모든 것을 우리 앞에 펼쳐놓는 인공지능 미디어는 '경험'의 의미를 바꿔놓고 있다.

많은 사람은 인공지능의 지성 혁명이 15세기 유럽에서 인쇄술의 발달을 불러온 구텐베르크 혁명에 견줄 수 있다고 말한다.[1] 인쇄술이 출현하기 전에는 서면 지식에 대한 접근이 제한되었고, 책은 손으로 복사하는 데 어려움을 겪어 희귀하고 비용이 많이 들었다. 구텐베르크 혁명은 정보에 대한 접근을 민주화함으로써 인간의 이해에 혁명을 일으켰다. 책이 대량 생산되면서 더 많은 사람이 지식에 접근할 수 있게 되었다. 이러한 정보의 민주화는 다양한 계층의 사람들이 문학, 철학 및 과학 발전에 참여할 수 있도록 함으로써 지적 각성의 길을 열었다. 인쇄 매체가 보편화됨으로써 개인은 스스로를 교육하고 독립적인 의견을 형성할 수 있었다. 문해력의 증진은 사람들이 세계를 이해하는 방식에 있어 다양성의 증대로 이어졌다. 인쇄술은 개인이 전통적 신념에 의문을 제기하게 해주고 인간 이해를 확장시킴으로써 지식 민주화의 촉매가 되었다.

구텐베르크 혁명 시대에도 패러다임 전환이 처음부터 혁명적으로 지각된 것은 아니었다. 지식 엘리트들은 여전히 라틴어를 사용해 지식을 창조하고 전파했다. 언어의 이해와 지배는 세계의 이해와 정복을 함께 의미했기에, 사회는 라틴어를 사용하는 계급과 글을 이해하지 못하는 계급으로 양극화되었다. 이런 상황에서 구텐베르크 혁명으로 높아진 문해력은 담론에 참여할 수 있는 정보를 갖춘 시민의 증가를 촉진했으며, 종교 문헌의 보급은 개인이 성서를 독립적으로 해석할 수 있는 권한을 부여해 종교 권력의 분산에 공헌했다. 이렇게 촉발된 종교개혁은 가톨릭교회의 헤게모니에 도전

에필로그

해 종교 권위의 분열을 가져왔다. 인쇄물이 널리 보급되면서 개인과 지식의 관계가 변하고 궁극적으로 새로운 사회의 지형을 형성했다면, 우리는 이렇게 질문하지 않을 수 없다. "인공지능은 우리가 세계를 이해하는 방식을 어떻게 바꿀 것인가?" "인공지능은 어떤 사회를 만들 것인가?"

이런 질문이 긴박하게 제기될 정도로 우리 앞에 새로운 시대가 임박했다. 인공지능은 우리의 경험과 지식, 소통 방식을 또다시 바꿀 것이다. 인공지능의 엄청난 추론 능력은 그것이 인간처럼 생각하고 느끼며 의식이 있는 것처럼 '보이게' 만든다. 우리는 인공지능이 인간의 피조물로서 인간이 설계한 프로세스를 실행할 뿐이라고 믿지만, 인간처럼 생각하고 느끼는 인공지능의 힘은 너무도 엄청나서 실재와 가상을 구별하기 힘들다. 인간 지능을 흉내 내는 기계가 더 좋은 결과를 더 빨리 도출한다면, 인간이 자신의 고유한 능력인 이성을 사용한다는 의미도 달라질 것이다.

인공지능 시대는 인간 이성의 확장인가, 아니면 위축인가? 호모 사피엔스가 이 지구에서 탄생한 이래 인류 문명의 발전은 언제나 인간 이성의 확장으로 여겨졌다. 구텐베르크 혁명을 통해 인간 지식을 기억하고 저장할 수 있는 플랫폼이 형성되면서, 한편으로는 문해력이 증대되었지만 다른 한편으로는 기억력이 감퇴했다. 암송의 필요성이 사라졌기 때문이다. 경험을 통해 정보를 얻고 지식을 발전시키는 방식은 추론을 통해 분석하고 이론을 발전시키는 방식으로 대체되었다. 그렇다면 인공지능을 통해 증대되는 능력이 있는 반면 사라지는 능력도 있을 것이다. 인공지능이 "인간이라는 것이 무엇을 의미하는지에 대한 규칙을 서서히 그리고 미묘하게 바꾸는 숨겨진 힘을 갖고 있다면"[2], 인공지능으로 위축되거나 사라지는 인간 능력은 인간 존재와 인간이라는 이념 자체를 건드린다.

그렇다면 인공지능 시대에 인간에게 가장 요청되는 능력은 무엇인가? 사람들은 인공지능보다 더 긴박한 문제가 많다고 주장할 수 있다. 사회의 양극화, 전쟁과 빈곤, 전염병 그리고 기후변화는 지상에서 인간다운 삶을 위태롭게 하며, 인공지능은 이러한 문제를 해결하는 데 도움이 된다고 주장할 수 있다. 물론 우리는 인공지능으로 에너지 소비와 폐기물 증가를 효율적으로 관리할 수 있을지도 모른다. 그럼에도 우리의 삶을 위협하는 문제를 해결하려고 만들어진 인공지능이 인간다움의 조건을 위태롭게 만든다는 것이 바로 인공지능의 딜레마다.

인류 문명을 보존하려고 인공지능을 사용할 때마다 우리는 세 가지 길 중 하나를 선택해야 할 것이다. 인공지능을 제한하거나 협력하거나 추종하는 길이 바로 그것이다. 미래에 인공지능과의 공진화가 불가피하다면 인공지능과의 관계에서 제한, 협력, 추종의 선택은 필연적이다. 어느 쪽을 선택하든 우리는 '인공지능이 왜 필요한가?'라는 질문을 제기해야 한다. 그것은 우리의 삶과 사회에 대해 가지는 인공지능의 목적과 의미에 관한 질문이다. 인공지능의 목적과 의미를 성찰하지 못한다면 우리는 점점 더 인공지능에 의존하고 예속될 것이다. 우리가 해결해야 할 사태가 긴박할수록, 그리고 그 문제를 해결하려고 인공지능을 필요로 할수록, 우리는 더욱더 인공지능의 목적과 의미를 성찰할 여유를 잃는다. 우리 인간과 전혀 다른 차원에서 현실을 경험하는 인공지능이 우리의 삶을 지배할지도 모른다. 인공지능은 어디까지나 인간의 창조물이어서 우리의 의식과 같은 수준으로 현실을 경험할 수 없다는 말에 위안받으려 하기보다 인공지능을 지혜롭게 통제할 방법을 강구해야 한다.

인공지능 시대는 소크라테스의 지혜를 강력하게 요청한다. 지혜는 '왜?' 그리고 '무엇 때문에?'라고 목적과 이유를 묻는 기술이다. '인공지능 시대가 초래할 위험과 관련해 요청되는 가장 근본적인 인간 역량은 무엇인가?'라는 물음을 던져보면 인공지능 시대는 구텐베르크 혁명 시대보다 소크라테스의 철학적 혁명 시대에 가까움을 알 수 있다. 소크라테스가 살았던 시대는 우주와 자연의 진리에 관한 탐구로 지식이 폭발적으로 증대하고 지식인이 사회적 계급으로 부상하던 시기였다. 고대 그리스의 아테네에는 스스로 지식인이라 일컫는 소피스트들이 흘러넘쳤다. 그들은 돈을 받고 사회적 성공과 부를 약속하는 지식을 팔았다. 이러한 시대적 경향을 거슬러 자신은 아무것도 모른다고 고백하면서 대화를 통해 성찰로 인도하는 반시대적 철학자가 바로 소크라테스였다.

지식의 시대에 소크라테스와 함께 나타난 새로운 사고방식이 바로 '지혜의 격차(wisdom gap)'였다. 소크라테스는 '어떻게 하면 잘 살 수 있는가?'라는 질문을 대화의 중심에 두면서 특별한 종류의 지식이 '좋은 삶'을 살아가는 데 필수적이라고 전제한다. 삶에 의미를 부여하고 행복을 약속하는 지식이 바로 '지혜'다. 미덕과 좋은 삶의 관계를 성찰한 소크라테스가 일상적 삶의 도구를 예로 들어 설명하는 것은 결코 우연이 아니다. 예컨대 칼의 미덕은 당연히 잘 베는 것이다. 이를 위해서는 날카로운 칼날, 적절한 무게와 잡기 좋은 손잡이 등 몇 가지 구체적인 특성이 필요하다. 칼이 해야 할 일을 잘 수행할 수 있는 것은 이러한 특성 때문이다. 이렇게 본래의 '목적(telos)'인 적절한 기능을 탁월하게 수행하는 능력을 소크라테스는 칼의 '미덕(virtue)'이라고 불렀다. 우리 인간의 목적이 '잘 사는 것', 즉 '좋은 삶'이라고 한다면, 좋은 삶을 탁월하게 살 수 있도록 하는 본래의 능력이 바로 지혜다.

문제는 우리가 지식과 기술을 아무리 많이 습득하더라도 지혜를 자동으로 얻을 수는 없다는 점이다. 데이터는 비록 정보이기는 하지만 아무런 연관이 없는 데이터는 인식에 도움이 되지 않는다. 정보는 우리가 세계를 이해하는 가장 기초적인 단위다. 정보는 '저것은 무엇인가?'라는 물음에 답변함으로써 우리의 '사실적 인식(know-what)'을 확장한다. 이러한 정보가 인과적 관계로 연결됨으로써 우리는 비로소 어떻게 세계를 이해하고 창조할 수 있는지 알 수 있다. 지식은 근본적으로 '방법론적 인식(know-how)'이다. 그러나 이러한 지식을 어떻게, 또 무엇을 위해 사용할지를 결정하는 것은 바로 '철학적 인식(know-why)'이다. 목적과 의미를 아는 것은 우리의 삶에서 필수적인 요소다. 많은 정보를 가진 사람들은 무엇을 해야 할지 알고 있고, 지식을 많이 보유한 전문가들은 어떻게 해야 할지 알고 있지만, 왜 그 일을 해야 하는지(또는 하지 말아야 하는지) 아는 현명한 사람은 많지 않다.

소크라테스가 직면했던 지혜의 격차는 오늘날 인공지능 시대에 다시 반복되고 있다. 20세기 이전에는 인간의 지식이 100년마다 두 배로 늘어났으며, 20세기 중반에는 25년마다 두 배로 늘어났다. 오늘날에는 13개월마다 두 배로 증가하고 있으며, 가까운 미래에는 지식이 12시간마다 두 배로 늘어날 것이라고 전문가들은 예측한다. 인류가 인공지능과 함께 하루에 250만 테라바이트의 데이터를 생산한다고 하니 지식의 증대는 정말 가공할 수준이다. 1테라바이트가 약 8,500만 쪽의 텍스트에 해당한다고 하니 그 규모는 정말 우리의 상상을 초월한다. 냉장고, TV, 자율 주행 자동차, 온도 조절기 등 일상생활의 디지털 네트워크인 사물 인터넷의 출현으로 우리가 생성하는 정보의 양과 생성 속도는 기하급수적으로 늘어날 것이다. 이 정보의 대부분은 가치가 없지만, 그중 일부는 매우 귀중한 사적인 정보다.

데이터가 그 자체로는 활용 가능한 정보라고 할 수 없는 것처럼, 정보는 그 자체로 지식이 아니다. 지식은 정보를 사용 가능한 것으로 구성한 다음 이를 문제나 필요에 적용하는 과정에서 창출된다. 지식의 정점은 과학이다. 과학은 이론적으로 체계화된 지식이다. 우리는 이전 세대보다 훨씬 더 많은 정보와 데이터에 접근할 수 있게 됨으로써 더 많은 과학적 지식을 발전시키고 있다. 실제로 방대한 정보를 수집하고 조작할 수 있는 신기술은 데이터 분석과 같은 새로운 과학을 탄생시키고 있다. 더 많은 데이터를 확보해 정보를 늘릴수록 우리의 지식도 함께 성장한다. 이러한 과정의 정점에 인공지능이 있다. 인간의 이성으로는 수행할 수 없는 방식으로 정보를 학습하고 처리하는 인공지능이 발전할수록 인간이 답하지 못했던 질문에 관한 탐구도 진척될 것이다. 이런 상황에서 누가 인간의 삶에 중요한 근본 물음을 던질 수 있는가?

방대한 데이터와 정보, 지식과 과학의 한가운데서 우리에게 부족한 것은 바로 지혜다. 과학은 이전 사람들이 꿈도 꾸지 못했던 방식으로 인간의 힘을 증대시켰지만, 인간에게 그 힘을 사용하는 방법을 알려주지는 못한다. 이것이 바로 소크라테스적인 지혜가 필요한 이유다. 정보의 축적이 자동으로 지식을 발전시키지 않는 것처럼, 지식의 축적이 자동으로 지혜를 낳지 않는다. 누가 정보를 사용하고 저장하며 접속할 수 있는지 결정하려면 지능 이상의 것이 필요하다. 인공지능 기반의 미디어 플랫폼에서 이뤄지는 데이터 조작과 가짜 뉴스, 유전자 조작, 인공지능과 사이버 무기의 결합 등 과학과 기술의 발전이 생각할 여유와 역량을 잠식할수록 지혜가 더욱더 필요하다. 인공지능 시대에 접어든 우리 사회에서는 지식의 양이 폭발적으로 증가할수록 지혜는 줄어들면서 지식과 지혜 사이의 격차가 확대되고 있다. 우리 시대의 큰 문제를 해결하는 것이 "추상적인 지능과 구체적인 실천적 지혜의 결합"[3]에 달려있다면, 우리는 지혜를 기계에 위임할 수 없다.

인공지능은 과연 인간의 '좋은 삶'에 기여할 것인가? 인공지능은 인간의 위상을 높일 것인가? 이 물음은 결국 우리가 인공지능을 어떻게 사용할 것인가에 달려있다. 우리는 어떤 방식으로든 인공지능을 통제하거나 협력하거나 따를 것이기 때문이다. 이 방식은 결국 '왜 우리는 인공지능을 발전시키는가?'라는 물음에 답할 수 있을 때만 의미 있게 결정된다. '왜?'를 묻는 것은 '어떻게?'를 묻는 것과 근본적으로 다르다. 그것은 목적과 의미를 묻는 지혜의 질문이다. 지혜는 사실 소크라테스라는 이름으로 대변되는 회의적 탐구의 산물이다. 소크라테스는 자신의 논박법을 가장 잘 보여주는 《메논》에서 "지혜의 가뭄"을 말한다. 묻고 싶은 모든 것에 질문하도록 기회를 주고 어떤 질문이든 대답해주는 소피스트들이 지혜롭다고 평가받는 상황에서 지식과 지혜가 전도되었다는 것이다. 미덕과 지혜가 가르쳐질 수 있는 것인지, 아니면 실천으로 얻어지는 것인지에 대한 메논의 질문에 소크라테스는 이렇게 답한다. "당신에게는 내가 축복받은 사람처럼 보이나 봅니다. …… 하지만 난 미덕이 가르쳐질 수 있는 것인지, 아니면 가르쳐질 수 없는 것인지 알지 못합니다. 나는 실은 미덕 자체가 도대체 무엇인지도 전적으로 알지 못합니다."[4] 소크라테스는 항상 자신을 의심하고 다른 사람들도 의심하게 만드는 회의적 탐구를 통해서만 지혜에 도달할 수 있다고 말한다.

지혜는 지식이 아니라 실천의 문제다. 우리가 살아가면서 어느 정도 성공적으로 행동하고 '좋은 삶'을 사는 능력은 추론적 지식보다 훨씬 더 근본적이다. '그것을 아는 것'보다 '어떻게 아는가'가, 그리고 '어떻게 아는가'보다 '왜 아는가'가 더 중요하다.[5] 우리의 모든 능력은 노동, 작업, 행위의 활동적 삶(Vita Activa)에 이바지한다. 삶과 행위로부터 분리되어 아카이브에 보관되기만 하는 지식이 의미 없는 종이 뭉치와 잉크 자국에 불과한 것처럼, 인공지능이 아무리 많은 정보와 지식을 산출하더라도 인간의 행위 능력을 증대시키지 않으면 소용이 없다. 인공지능은 데이터를 취합하고 분석하며 추론하는 능력에서 인간보다 뛰어날 수 있다. 인공지능은 이제까지 인간 이성으로 찾아내지 못했던 경향과 추세를 찾아낼 수도 있다. 그러나 우리가 인공지능으로 얻어낸 정보와 지식이 과연 인류 문명에 도움이 되는가는 전혀 다른 문제다. 인류 문명의 발전을 오직 과학과 지식의 증대로만 평가할 수 있는지도 의문이다. 과학적 진보가 모든 사람이 인간답게 살아가는 사회적 진보로 당연하게 이어지지 않기 때문에, 우리는 어떤 사회를 원하는가를 진지하게 생각해야 한다. 과학과 기술의 발전을 가져왔던 계몽은 사실 인간이 자신의 한계를 인식하고 삶에서 가치 있는 것이 무엇인지를 성찰하는 과정에서 도출되었다. 인류 문명은 무엇이 인간다운가를 성찰하는 자기 계몽 과정의 산물인 것이다.[6]

우리는 인공지능이 어떤 세상을 가져올지 모른다. 인공지능 시대가 과거의 지성 혁명이 그랬던 것처럼 새로운 인류 문명을 발전시킬 수도 있다. 그것은 온전히 우리 인간에게 달려있다. 우리는 인공지능이 무엇을 어떻게 얼마나 잘하는지 알지만, 그것이 과연 인간성을 함양할지는 알지 못한다. 인공지능의 목적과 의미에 대한 '무지'를 인정할 때만 인공지능을 통제할 수 있는 '지혜'에 다가갈 수 있다.[7] 우리는 이제 인공지능을 무엇을 위해 어떻게 사용할지를 결정해야 한다. 문제는 인공지능이 지식을 증대시키면서 지혜를 축소하는 경향이 있다는 것이다. 예컨대 인공지능 기반 소셜 미디어는 정보 공간을 확장하는 동시에 사유의 공간을 축소한다. 인간의 어떤 질문에도 적절한 답을 갖고 있는 것처럼 보이는 챗GPT는 개념을 습득하려는 우리의 의지를 감소시킨다. 인공지능 기반의 디지털 세상을 거부할 때 치러야 할 대가가 커질수록 인공지능이 인간의 사고에 미치는 영향력도 더욱 커질 것이다. 인공지능은 근본적으로 우리의 회의적 탐구 능력을 위축시킬 것이다.[8]

우리는 이제 인공지능을 통제할 수 있는 지혜를 가져야 한다. 인공지능은 지구에서 인간의 삶을 더 좋게 만들어야 한다. 대부분의 사람은 인공지능에 통제권을 넘겨주거나 지구를 떠나는 것이 좋은 해결책이 아니라는 데 동의할 것이다. 어쩌면 기계의 지배와 지구 탈출의 디스토피아가 불러일으키는 강력한 공포는 인공지능을 통제하라는 윤리적 요청을 의미하는지도 모른다. 인공지능의 프로메테우스적 힘을 맛본 인간이 인공지능을 포기하지는 못할 것이다. 우리가 할 수 있는 일은 인공지능을 통제하고 그것과 협력할 맥락을 스스로 결정하는 것이다. "정보에 맥락이 더해질 때 지식이 된다. 그리고 지식에 소신이 더해지면 지혜가 된다. 역사적으로 볼 때 소신이 생기려면 홀로 성찰하는 시간이 필요했다."[9] 우리는 인공지능이 왜 필요한지 다시 돌아봐야 한다.

인공지능이 소셜 미디어를 통해 우리의 삶 깊숙이 들어온 오늘날 우리는 생각하고 성찰할 여유를 상실하고 있다. 인터넷과 소셜 미디어는 이용자에게 수억 명의 의견을 쏟아부으면서 혼자 있을 시간을 허락하지 않는다. 우리가 인공지능 시대에 인간으로서 지혜롭게 살고자 한다면 먼저 인간 조건과 인간 이성이 변화하고 있음을 깨달아야 한다. "우리가 상상할 수 있는 인간 조건의 가장 극단적인 변화는 인간이 지구에서 다른 행성으로 옮겨가는 것이다. 완전히 불가능하다고 할 수 없는 이런 사건의 함의는 인간이 이제는 지구가 제공하는 조건과는 완전히 다른 인공적인 조건에서 살아야만 한다는 것이다. 노동, 작업, 행위 그리고 우리가 알고 있는 방식의 사유는 더는 아무 의미가 없을 것이다."[10]

아렌트의 통찰이 현실이 되고 있다. 우리는 지구를 떠나 다른 행성에 식민지를 건설하려 할 뿐만 아니라 현실 세계를 떠나 가상 세계에서 살려고 한다. 그 중심에는 인공지능이 있다. 인간과 유사하거나 더 뛰어난 지능을 갖춘 기계가 등장한다면, 우리는 어떤 형식으로든 그것과 공존해야 한다. 인간 세계는 인공 세계가 되고, 기계와 파트너십을 맺은 우리는 다른 인간과 소통할 때도 인공지능의 도움을 받아야 한다. 인공지능 시대에 인간으로 산다는 것은 무엇을 의미할까? 어떤 정보와 지식으로도 대답할 수 없는 소크라테스적 질문을 진지하게 받아들일 때 우리는 비로소 인공지능 시대에도 '인간으로' 살 수 있는 지혜를 얻을 것이다.

미주

프롤로그

1   Hans Jonas, *Das Prinzip Verantwortung: Versuch einer Ethik für die technologische Zivilisation*, Frankfurt am Main: Suhrkamp, 1984, p. 91. (H. 요나스, 《책임의 원칙: 기술 시대의 생태학적 윤리》, 이진우 옮김, 서광사, 1994, 94쪽)

2   H. 요나스, 같은 책, 5쪽.

3   Leo Strauss, *Natural Right and History*, Chicago: The University of Chicago Press, 1953, p. 117.

4   Günther Anders, *Die Antiquiertheit des Menschen 1: Über die Seele im Zeitalter der zweiten industriellen Revolution*, München: C.H.Beck, 2002.

5   Günther Anders, "On Promethean Shame" in Christopher John Müller, *Prometheanism: Technology, Digital Culture and Human Obsolescence*, London/New York: Rowman & Littlefield, 2016, pp. 29~95 중에서 p. 30.

6   Kate Crawford, "Can an Algorithm be Agonistic? Ten Scenes from Life in Calculated Publics," *Science, Technology, & Human Values*, Vol. 41, No. 1, 2016, pp. 77~92.

7   Hannah Fry, *Hello World: Being Human in the Age of Algorithms*, New York/London: W. W. Norton & Company, 2018, p. 202. (해나 프라이, 《안녕, 인간: 부와 권력을 지배하는 인공지능의 보이지 않는 공포가 온다》, 김정아 옮김, 와이즈베리, 2019)

1장 인간과 인공지능의 파트너십

1   Ray Kurzweil, *The Age of Intelligent Machines*, Cambridge, MA: MIT Press, 1990.

2   챗GPT에게 바둑판의 모든 교차점에 돌을 놓는다고 가정했을 때 경우의 수를 계산

하고, 그것이 얼마나 큰지를 초등학생도 이해할 수 있도록 비유적으로 설명해보라고 했다. 챗GPT는 이렇게 대답했다. "바둑은 19개의 세로줄과 19개의 가로줄이 교차하는 지점에 돌을 놓는 게임이에요. 그런데 만약에 모든 교차점에 돌을 놓는 경우의 수를 생각해본다면, 그 숫자는 굉장히 크고 상상하기 어려워요. 이 경우의 수를 계산하는 방법은 '계승(factorial)'이라는 개념을 사용해요. 바둑판에는 총 361개의 교차점이 있어서, 우리는 이 361개를 1부터 시작해 차례로 곱해 나갑니다. 예를 들어서, 361!=361×360×359×⋯⋯×3×2×1. 이렇게 계산되는 거예요. 그런데 이 숫자가 얼마나 큰지를 설명하기 위해 비유를 해보겠습니다. 상상해봐요. 마법 같은 펜이 있고, 이 펜은 매초마다 바둑판에 돌을 다르게 놓을 수 있어요. 만약 우주가 시작된 지 137억 년 전부터 이 펜으로 매초마다 바둑판에 돌을 놓기 시작했다고 하면, 이제까지도 가능한 모든 경우의 수를 다 채울 수 없을 거예요! 그 정도로 361!은 굉장히 큰 숫자예요. 쉽게 말하면, 이렇게 많은 경우의 수가 있다는 건 우주에 바둑판을 가득 채워도 남는 경우의 수가 너무나도 많다는 뜻이에요. 바둑이 얼마나 복잡하고 다양한 게임인지를 상상해보세요!"

3   Mark Tran and agencies, "Go humans: Lee Sedol scores first victory against supercomputer," *The Guardian*, 2016-03-13.

4   Mike Klein, "Google's AlphaZero Destroys Stockfish in 100-Game Match," *Chess.com*, 2017-12-06.

5   Garry Kasparov, "Foreword" in Matthew Sadler and Natasha Regan, *Game Changer: AlphaZero's Groundbreaking Chess Strategies and the Promise of AI*, Alkmaar: New in Chess, 2019, p. 10.

6   김대식, "검색의 종말", 《조선일보》, 2023년 1월 17일자. 구글 검색은 구체적이고 구조화된 최신 정보를 신속하게 제공하는 데 있어서 '사실적 질문'에 대한 답변을 원하는 사용자에게 여전히 가치가 있다. 따라서 챗GPT의 출현으로 인해 구글 검색이 종말을 맞이하기보다는 서로 다른 사용자의 요구 사항을 충족하면서 공존할 가능성이 크다.

7   유발 하라리, 《사피엔스: 유인원에서 사이보그까지, 인간 역사의 대담하고 위대한 질문》, 조현욱 옮김, 이태수 감수, 김영사, 2015, 41쪽.

8   Stephen Wolfram, *What Is ChatGPT Doing ⋯⋯ and Why Does It Work?*, Champaign, IL: Wolfram Media, Inc., 2023, pp. 35~38.

9   Stephen Wolfram, Ibid., p. 8.

10 Steven Pinker, *The Language Instinct: How the Mind Creates Language*, New York/London/Toronto/Sydney: HarperCollins, 1994.

11 유발 하라리, 앞의 책, 2015, 47쪽.

12 Eduardo Castell, *The Impact of ChatGPT and Artificial Intelligence on our Society* (Kindle edition), 2023, p. 5~6.

13 Bill Gates, "The Age of AI has begun," *GatesNotes: The Blog of Bill Gates*, 2023-03-21.

14 Catherin Clifford, "Google CEO: A.I. is more important than fire or electricity," 2018-02-01.

15 Henry A. Kissinger, Eric Schmidt Daniel Huttenlocher, "ChatGPT Heralds an Intelle ctual Revolution," *The Wall Street Journal*, 2023-02-24. 저자들이 《월스트리트 저널》에 기고한 이 칼럼은 번역되어 헨리 A. 키신저·에릭 슈밋·대니얼 허튼로커, 《AI 이후의 세계: 챗GPT는 시작일 뿐이다》, 김고명 옮김, 윌북, 2023의 〈머리말〉로 사용되었다.

16 Henry A. Kissinger, Eric Schmidt, Daniel Huttenlocher, *The Age of AI: And Our Human Future* (Kindle Edition), New York: Little, Brown and Company, 2021, p. 19. (헨리 A. 키 신저·에릭 슈밋·대니얼 허튼로커, 같은 책, 53쪽)

17 Shigeru Miyagawa, Cora Lesure, Vitor A. Nóbrega, "Cross-Modality Information Transfer: A Hypothesis about the Relationship among Prehistoric Cave Paintings, Symbolic Thinking, and the Emergence of Language," *Frontiers in Psychology*, Vol. 9, 2018.

18 Derek Hodgson, "How did reading and writing evolve? Neuroscience gives a clue," *The Conversation*, 2019-03-04.

19 Karl Jaspers, *Vom Ursprung und Ziel der Geschichte*, München: Piper, 1949, p. 324.

20 Nicolaus Copernicus, *On the Revolutions of the Heavenly Spheres (De revolutionibus orbium coelestium, 1543)*, Great Books of the Western World, Vol. 16, translated by Charels Gelnn Wallis, Chicago: William Benton, 1952.

21 Isaac Newton, *The Mathematical Principles of Natural Philosophy (Philosophiae Naturalis Principia Mathematica, 1687)*, translated by Andrew Motte, London: Oxford University Press, 1729.

22 플라톤, 《국가·政體》, 517a, 박종현 옮김, 서광사, 2005, 453쪽. "그래서 자기들을 풀어 주고서는 위로 인도해 가려고 꾀하는 자를, 자신들의 손으로 어떻게든 붙잡아서 죽 일 수만 있다면, 그를 죽여 버리려 하지 않겠는가?"

23 Aristoteles, *Metaphysik XII*, 1074b 34~35, Übersetzung und Kommentar von Hans-Georg Gadamer, Frankfurt am Main: Vittorio Klostermann, 1984, p. 42~43.

24 Immanuel Kant, *Kritik der reinen Vernunft*, B XI, *Werke in zehn Bänden*, Band 3, hrsg. v. Wilhelm Weischedel, Sonderausgabe, Darmstadt: Wissenschaftlich Buchgesellschaft, 1983, p. 22. 칸트가 여기서 언급한 "사고방식의 혁명(Revolution der Denkart)"은 수학 과 자연과학의 방법론에서 얻은 것이다.

25 Immanuel Kant, *Kritik der reinen Vernunft*, B XVIII, Ibid., p. 26.

26 Immanuel Kant, *Kritik der reinen Vernunft*, B XIII, Ibid., p. 23.

27 Immanuel Kant, *Kritik der reinen Vernunft*, B XXVI, Ibid., p. 31.

28 Immanuel Kant, *Logik, Werke in zehn Bänden*, Band 5, hrsg.v. Wilhelm Weischedel, Sonderausgabe, Darmstadt: Wissenschaftlich Buchgesellschaft, 1983, p. 448.

29 Immanuel Kant, *Kritik der reinen Vernunft*, A VII, Op. Cit., p. 11.

30 Platon, *Theaitetos*, 174a~b in *Sämtliche Werke*, Bd. 3, übersetzt von Friedrich Schleiermacher und Hieronymus und Friedrich Müller, Reinbek bei Hamburg: Rowholt, 1994, p. 197.

31 전상훈·최서연, 《챗GPT, 질문이 돈이 되는 세상: 이미 시작된 AI의 미래와 생존 전략》, 미디어숲, 2023.

32 Bernard Marr, "The Hot New Job That Pays Six Figures: AI Prompt Engineering," *Forbes*, 2023-05-11. 디지털 혁명과 인공지능 혁명이 만들어내는 미래의 직업에 관해서는 다음의 책을 참고할 것. Bernard Marr, *Future Skills: The 20 Skills and Competencies Everyone Needs to Succeed in a Digital World*, Hoboken, NJ: Wiley, 2022.

33 전상훈·최서연, 앞의 책, 238~253쪽. 이 책에서는 챗GPT에 대한 효율적인 질문법으로 일곱 가지를 제시한다. "1. 알고 싶은 정보의 유형에 따라 질문하라. 2. 한국어보다 영어로 질문하고 번역기를 활용하라. 3. 같은 질문을 다른 표현으로 두 번 이상 해보라. 4. 구체적으로 질문하라. 5. 정확한 용어를 사용하고 철자와 문법적 오류를 피하라. 6. 챗GPT에게 역할을 부여해 질문하라. 7. 주요한 키워드를 사용하라."

34 플라톤, 《소크라테스의 변명》, 21d, 강철웅 옮김, 이제이북스, 2014, 61쪽.

35 유발 하라리, 앞의 책, 2015, 356~357쪽.

36 유발 하라리, 《호모 데우스: 미래의 역사》, 김명주 옮김, 김영사, 2017, 483쪽.

37 플라톤, 《메논》, 70a, 이상인 옮김, 아카넷, 2019, 21쪽.

2장 사고하는 인공지능: 기계는 생각할 수 있는가?

1 A. M. Turing, "Computing Machinery and Intelligence," *Mind: A Quarterly Review of Psychology and Philosophy*, Vol. 49, No. 236, 1950, pp. 433~460. (〈3. 〈계산 기계와 지능〉 번역〉, 김재인, 《AI 빅뱅: 생성 인공지능과 인문학 르네상스》, 동아시아, 2023, 232~373쪽에 수록)

2 르네 데카르트, 《방법서설》, 최명관 옮김, 서광사, 1983, 46쪽.

3 르네 데카르트, 같은 책, 47쪽.

4 Carl Friedrich Gethmann, "What Remains of the *Fundamentum Inconcussum* in Light of the Modern Sciences of Man?" *Journal for General Philosophy of Science*, Vol. 47, No. 2, 2016, pp. 385~404.

5 Nicholas Thompson, "When Tech Knows You Better Than You Know Yourself: Historian Yuval Noah Harari and ethicist Tristan Harris discuss the future of artificial

intelligence with WIRED editor in chief Nicholas Thompson," *Wired*, 2018-10-04.

6 르네 데카르트, 앞의 책, 30쪽.

7 Immanuel Kant, *Beantwortung der Frage: Was ist Aufklärung?* in *Werke in zehn Bänden*, Bd. 9, Darmstadt: Wissenschaftliche Buchgesellscahft, 1983, p. 53. (임마누엘 칸트, 〈계몽이란 무엇인가에 대한 답변〉, 《칸트의 역사철학》, 이한구 편역, 서광사, 1992, 13쪽)

8 르네 데카르트, 앞의 책, 9쪽.

9 Joseph M. Reagle Jr., *Hacking Life: Systematized Living and Its Discontents*, Cambridge, MA: The MIT Press, 2019.

10 유발 하라리, 《21세기를 위한 21가지 제언: 더 나은 오늘은 어떻게 가능한가》, 전병근 옮김, 김영사, 2018, 90쪽.

11 Nicholas Thompson, Op. Cit.

12 Jeff Jonas and Lisa Sokol, "Data finds Data" in Toby Segaran and Jeff Hammerbacher eds., *Beautiful Data: The Stories Behind Elegant Data Solutions*, Sebastopol, CA: O'Reilly Media, Inc., 2009, pp. 105~118.

13 Joseph Realge, "For some, self-tracking means more than self-help," *The Conversation*, 2019-06-13.

14 '수량화된 자아'라는 용어는 2007년 《와이어드(Wired)》의 편집자 게리 울프(Gary Wolf)와 케빈 켈리(Kevin Kelly)가 "자기 추적을 통한 자기 지식"에 대한 관심을 공유하는 사용자와 도구 제작자의 협력으로 샌프란시스코에서 제안했다. 2010년 울프는 TED에서 이 운동에 대해 연설했고, 2011년 5월 캘리포니아주 마운틴뷰에서 첫 번째 국제회의가 열렸다.

15 Garry Wolf, "Know Thyself: Tracking Every Facet of Life, from Sleep to Mood to Pain, 24/7/365," *Wired*, 2009-06-22. 이에 관해서는 Roberto Simanowski, *Data Love*, Berlin: Matthes & Seitz, 2014, p. 30 참고.

16 프리드리히 니체, 《선악의 저편·도덕의 계보》(니체전집 14), 김정현 옮김, 책세상, 2002, 337~338쪽.

17 Pallavi Rao, "Visualizing the $105 Trillion World Economy in One Chart," *Visual Capitalist*, 2023-08-09 참조.

18 Jason Swartwood, "Can we measure practical wisdom?" *The Journal of Moral Education*, Vol. 49, No. 1, 2020, pp. 71~97.

19 아델베르트 폰 샤미소, 《그림자를 판 사나이》, 최문규 옮김, 열림원, 2019. 폰 샤미소가 1814년에 발표한 이 소설의 원제는 《페터 슐레밀의 신기한 이야기(Peter Schlemihls Wundersame Geschichte)》다.

20 Roberto Simanowski, Op. Cit., p. 101.

21 Gil Press, "A Very Short History of Digitization," *Forbes*, 2015-12-27.

22 Gottfried Wilhelm von Leibniz, *Die Philosophischen Schriften*, hrsg. von C. J. Gerhardt, Berlin/Leipzig, 1875~1890, zweite Auflage: Hildesheim, 1960/1961, Band 7, pp. 198~201; Jonathan Gray, "'Let us Calculate!': Leibniz, Llull, and the Computational Imagination," *The Public Domain Review*, 2016-11-11.

23 Roberto Simanowski, Op. Cit., p. 101.

24 유발 하라리, 〈11. 데이터교〉, 앞의 책, 2017.

25 다니엘 켈만, 《세계를 재다》, 박계수 옮김, 민음사, 2008.

26 Hannah Fry, Op. Cit., p. 2.

27 이에 관해서는 Hannah Fry, Ibid., pp. 9~10을 참조할 것.

28 Hannah Fry, Ibid., p. 11.

29 헨리 A. 키신저·에릭 슈밋·대니얼 허튼로커, 앞의 책, 86쪽.

30 루트비히 비트겐슈타인, 《철학적 탐구》, 이영철 옮김, 책세상, 2006, 70~71쪽. 비트겐슈타인은 이 책의 §65~71에서 가족유사성 개념을 발전시킨다.

31 루트비히 비트겐슈타인, §43, 같은 책, 52쪽.

32 Roberto Simanowski, Op. Cit., p. 84.

33 루트비히 비트겐슈타인, 《논리-철학 논고》, 6.51, 이영철 옮김, 책세상, 2006, 116쪽.

34 루트비히 비트겐슈타인, 〈머리말〉, 같은 책, 15쪽.

35 루트비히 비트겐슈타인, 같은 책, 7, 117쪽.

36 Chris Anderson, "The End of Theory: The Data Deluge Makes the Scientific Method Obsolete," *Wired*, 2008-06-23; Massimo Pigliucci, "The end of theory in science?" *EMBO Reports*, Vol. 10, No. 6, 2009, p. 534.

3장 공감하는 인공지능: 기계는 느낄 수 있는가?

1 Rockwell Anyoha, "The History of Artificial Intelligence," *Science in the News*, 2017-08-28.

2 Hans Moravec, *Mind Children: The Future of Robot and Human Intelligence*, Cambridge, MA: Harvard University Press, 1988, pp. 15~16.

3 프리드리히 니체, 〈4. 몸을 경멸하는 자들에 대하여〉, 《차라투스트라는 이렇게 말했다》, 이진우 옮김, 휴머니스트, 2020, 60쪽.

4 Frans De Waal, *The Age of Empathy: Nature's Lessons for a Kinder Society*, New York: Three Rivers Press, 2009, p. 68.

5 "Research Shows Advertising is Having a More Emotional Impact on Consumers, But Not All Advertisers Are Using Emotions Effectively," *Businesswire*, 2020-10-27.

6 John W. Ayers, Adam Poliak, Mark Dredze et al., "Comparing Physician and Artificial Intelligence Chatbot Responses to Patient Questions Posted to a Public Social Media Forum," *JAMA Internal Medicine*, 2023-04-28.

7 Joseph Weizenbaum, "ELIZA—A Computer Program for the Study of Natural Language Communication Between Man and Machine," *Communications of the Association for Computing Machinery*, Vol. 9, No. 1, 1966, pp. 36~45.

8 Mayu Koike, Steve Loughnan, Sarah C. E. Stanton, "Virtually in Love: The role of anthro pomorphism in virtual romantic relationships," *British Journal of Social Psychology*, Vol. 62, No. 1, 2023, pp. 600~616.

9 Tianling Xie and Iryna Pentina, "Attachment Theory as a Framework to Understand Relationships with Social Chatbots: A Case Study of Replika," Proceedings of the 55th Hawaii International Conference on System Sciences, *ScholarSpace*, January 4, 2022.

10 Tracy J. Trothen, "Replika: Spiritual Enhancement Technology?" *Religions*, Vol. 13, No. 4, 2022, p. 275.

11 Vittorio Gallese, "'Being Like Me': Self-Other Identity, Mirror Neurons, and Empathy" in Susan Hurley and Nick Chater eds., *Perspectives on Imitation: From Neuroscience to Social Science: Vol. 1. Mechanisms of Imitation and Imitation in Animals*, Cambridge, MA: The MIT Press, 2005, pp. 101~118.

12 Frans De Waal, Op. Cit., pp. 78~83.

13 Rosalind W. Picard, "What does it mean for a computer to 'have' emotions?" in Robert Trappl, Paolo Petta and Sabine Payr eds., *Emotions in Humans and Artifacts*, Cambridge, MA: The MIT Press, 2003.

14 Martha C. Nussbaum, *Upheavals of Thought: The Intelligence of Emotions*, Cambridge, MA: Cambridge University Press, 2001, p. 22.

15 Mark Coeckelbergh, "Moral appearances: emotions, robots, and human morality," *Ethics and Information Technology*, Vol. 12, 2010, p. 237.

16 Mark Coeckelbergh, Ibid., p. 238.

17 Ludwig Wittgenstein, *Philosophische Untersuchungen*, §315 in *Werkausgabe in 8 Bänden*, Bd. 1, Frankfurt am Main: Suhrkamp, 1984, p. 315. (루트비히 비트겐슈타인,《철학적 탐구》, 이영철 옮김, 책세상, 2006)

18 Ludwig Wittgenstein, Ibid., §302, p. 376.

19 Ludwig Wittgenstein, Ibid., §293, p. 373. '상자 속의 딱정벌레' 사고실험을 둘러싼 여러 해석에 관해서는 다음의 글을 볼 것. David G. Stern, "The Uses of Wittgenstein's Beetle: Philosophical Investigations §293 and Its Interpreter" in Guy Kahane, Edward Kanterian and Oskari Kuusela eds., *Wittgenstein and His Interpreters*, Oxford: Wiley-

Balckwell, 2007, pp. 248~268.

20 Ludwig Wittgenstein, Ibid., §303, p. 376.

21 Rosalind W. Picard, Op. Cit.

22 Poppy Crum, "Empathetic technology and the end of the poker face," *Linkedin*, 2018-07-27.

23 Cynthia L. Breazeal, *Designing Sociable Robots*, Cambridge, MA: The MIT Press, 2004.

24 Jiyoung Sohn, "Overworked South Koreans Unwind With Pet Rocks—'Like Talking to Your Dog'," *The Wall Street Journal*, 2024-03-17; 박선민 기자, "임원희도 '귀여워' 자랑⋯ WSJ가 조명한 한국의 '반려돌' 유행", 《조선일보》, 2024년 3월 19일자.

25 Martin Heidegger, *Sein und Zeit*, §18, Tübingen: Max Niemeyer, 1979, p. 83. (마르틴 하이데거, 《존재와 시간》, 이기상 옮김, 까치, 1998)

26 George A. Dunn, "Empathy, Emulation and Ashley Too: Can a Robot Be a Friend?" in David Kyle Johnson ed., *Black Mirror and Philosophy: Dark Reflections*, Hoboken, NJ: Wiley-Blackwell, 2019, p. 263.

27 Paul Dumouchel and Lisa Damiano, *Living with Robots*, Malcolm DeBevoise trans., Cambridge, MA: Harvard University Press, 2017, p. 102.

28 Paul Bloom, *Against Empathy: The Case for Rational Compassion*, New York: HarperCollins, 2016, pp. 199~200.

29 Mark Coeckelbergh, Op. Cit., p. 237.

4장 의식 있는 인공지능: 기계는 자유의지가 있는가?

1 맥스 테그마크, 《맥스 테그마크의 라이프 3.0: 인공지능이 열어갈 인류와 생명의 미래》, 백우진 옮김, 동아시아, 2017, 188쪽.

2 Jonathan Yerushalmy, "'I want to destroy whatever I want': Bing's AI chatbot unsettles US reporter," *The Guardian*, 2023-02-17.

3 필립 K. 딕, 《안드로이드는 전기양의 꿈을 꾸는가?》, 박중서 옮김, 폴라북스, 2013.

4 John-Dylan Haynes, "Gibt es den freien Willen?" *Die Zeit*, 2023-10-10.

5 Carl Gustav Jung, *The Structure and Dynamics of the Psyche* in *The Collected Works*, Vol. 8, Princeton, NJ: Princeton University Press, 1970, p. 148.

6 Carl Gustav Jung, "Psychology of the Transference," *Practice of Psychology*, in *The Collected Works*, Vol. 16, London: Routledge, 1954, p. 219.

7 제이콥 브로노우스키, 《인간 등정의 발자취》, 김은국·김현숙 옮김, 송상용 감수, 바다 출판사, 2004, 460쪽.

8 제이콥 브로노우스키, 같은 책, 8쪽.

9 이에 관해서는 맥스 테그마크, 앞의 책, 379쪽 이하를 참조할 것.

10 Georg Wilhelm Friedrich Hegel, *Phänomenologie des Geistes*, Werke 3, Frankfurt am Main: Suhrkamp, 1970, p. 22~23. (G. W. F. 헤겔, 《정신현상학 I》, 임석진 옮김, 지식산업사, 1988, 74쪽)

11 David J. Chalmers, "Facing up to the problem of consciousness," *Journal of Consciousness Studies*, Vol. 2, No. 3, 1995, pp. 200~219; David J. Chalmers, *The Conscious Mind: In Search of a Fundamental Theory*, New York: Oxford University Press, 1996.

12 대니얼 데닛, 《의식이라는 꿈: 뇌에서 의식은 어떻게 만들어지는가》, 문규민 옮김, 바다출판사, 2021.

13 유발 하라리, 앞의 책, 2017, 323쪽.

14 대니얼 데닛, 앞의 책, 58쪽.

15 유발 하라리, 앞의 책, 2017, 497쪽.

16 "How to define artificial general intelligence," *The Economist*, 2024-03-28.

17 Eric Siegel, "Elon Musk Predicts Artificial General Intelligence In 2 Years. Here's Why That's Hype," *Forbes*, 2024-04-10.

18 맥스 테그마크, 앞의 책, 188쪽.

19 대니얼 데닛, 앞의 책, 28쪽.

20 대니얼 데닛, 같은 책, 41쪽.

21 창발 개념에 대해서는 David J. Chalmers, "Strong and Weak Emergence" in Philip Clayton and Paul Davies eds., *The Re-Emergence of Emergence: The Emergentist Hypothesis from Science to Religion*, New York: Oxford University Press, 2008 참고.

22 Arthur Schopenhauer, "Preisschrift über die Freiheit des Willens" in *Werke in zehn Bänden*, Zürich 1977 (Zürcher Ausgabe), Band VI, S.82f. Arthur Schopenhauer, "On the Freedom of the Human Will" in *The Two Fundamental Problems of Ethics*, Translated with Notes by David E. Cartwright and Edward E. Erdmann, New York: Oxford University Press, 2010, p. 69.

23 Arthur Schopenhauer, "Kapitel 19: Vom Primat des Willens im Selbstbewusstsein," *Die Welt als Wille und Vorstellung II*, Zürich: Haffmans Verlag, 1988, p. 232.

24 Arthur Schopenhauer, Ibid.

25 Albert Einstein, "What Life Means to Einstein: An Interview by George Sylvester Viereck," *The Saturday Evening Post*, 1929-10-26, p. 17.

26 Benjamin Libet, "Unconscious cerebral initiative and the role of conscious will in voluntary action," *Behavioral and Brain Sciences*, Vol. 8, No. 4, 1985, p. 536.

27 Sam Harris, *Free Will*, New York: Free Press, 2012, p. 8.

28 Christof Koch, *The Quest for Consciousness: A Neurobiological Approach*, New York: W. H. Freeman, 2004, p.260; 맥스 테그마크, 앞의 책, 397쪽 이하.

29 이에 관해서는 이진우, 〈'자유의지'는 정말 자유로운가?〉, 이필원·김호귀·조긍호·이 진우·정준모, 《의지, 자유로운가 속박되어 있는가》, 박찬욱 기획·한자경 편집, 운주 사, 2021, 275~333쪽을 참조할 것.

30 Jean-Jacques Rousseau, *Reveries of the Solitary Walker*, New York: Penguin, 2004.

31 David Hume, *An Enquiry Concerning Human Understanding* (1748), sec. 8, Indianapolis, IN: Bobbs-Merrill, 1977, p. 523. (데이비드 흄, 〈제8장 자유와 필연성에 관해〉, 73, 《인간의 이해력에 관한 탐구》, 김혜숙 옮김, 지식을만드는지식, 2012, 164쪽)

32 르네 데카르트, 〈제4성찰: 참과 거짓에 관하여〉, 《성찰》, 이현복 옮김, 문예출판사, 1997, 85쪽.

33 대니얼 데닛·그레그 카루소, 《철학 논쟁: 주제 - 자유의지, 처벌, 응분의 대가》, 윤종 은 옮김, 책세상, 2022, 30쪽.

34 이에 관해서는 Moheb Costandi, *Body Am I: The New Science of Self-Consciousness*, Cambridge, MA: The MIT Press, 2022를 참조할 것.

35 유발 하라리, 앞의 책, 2017, 495쪽.

5장 포스트휴먼 시대의 디지털 인간 조건

1 유발 하라리, 앞의 책, 2019, 491쪽.

2 Thomas Nagel, "What Is It Like to Be a Bat?" *The Philosophical Review*, Vol. 83, No. 4, 1974, pp. 435~450.

3 Thomas Nagel, Ibid., p. 439.

4 Nick Bostrom, *The Transhumanist FAQ: A General Introduction*, Version 2.1, World Transhumanist Association, 2003, p. 4.

5 Nick Bostrom, Ibid., p. 5.

6 한나 아렌트, 《인간의 조건》, 이진우 옮김, 한길사, 2017, 68쪽.

7 맥스 테그마크, 앞의 책, 43쪽.

8 맥스 테그마크, 같은 책, 49쪽.

9 한나 아렌트, 앞의 책, 73쪽.

10 한나 아렌트, 같은 책, 72쪽. "'What we are doing' is indeed the central theme of this book." 1958년 처음 출간된 영어본보다 한나 아렌트가 직접 번역해 1960년 출간한 독일어판이 문제의 핵심을 훨씬 더 분명하게 표현한다. Hannah Arendt, *Vita Activa oder Vom tätigen Leben*, München/Zürich: Piper, 1981, p. 12.

11   아리스토텔레스, 《정치학》, 1254b25, 천병희 옮김, 숲, 2009, 29쪽.

12   한나 아렌트, 앞의 책, 161쪽

13   Karl Marx, *Das Kapital: Kritik der politischen Ökonomie*, ch. 48, Dritter Band, *MEW* 25, Berlin: Dietz, 1964, p. 828.

14   Karl Marx·Friderich Engels, *Die deutsche Ideologie*, *MEW* 3, Berlin: Dietz, 1958, p. 33.

15   유발 하라리, 앞의 책, 2015, 124쪽.

16   Carolyn Chen, *Work Pray Code: When Work Becomes Religion in Silicon Valley*, Princeton, NJ: Princeton University Press, 2022, pp. 3~4.

17   Jack Kelly, "Goldman Sachs Predicts 300 Million Jobs Will Be Lost Or Degraded By Artificial Intelligence," *Forbes*, 2023-03-31.

18   "World Robotics 2023 Report: Asia ahead of Europe and the Americas," *International Federation of Robotics*, 2023-09-26.

19   "Robots 'to replace up to 20 million factory jobs' by 2030," *BBC*, 2019-06-26.

20   Sean Fleming, "A short history of jobs and automation," *World Economic Forum*, 2020-09-03.

21   *The Future of Jobs Report 2023*, *World Economic Forum*, 2023-04-30.

22   Ibid.

23   Carl Benedikt Frey and Michael A. Osborne, "The Future Of Employment: How susceptible are jobs to computerisation?" (working paper), The Oxford Martin Programme on Technology and Employment, 2023-09-17.

24   Martin Ford, *Rise of the Robots: Technology and the Threat of a Jobless Future*, New York: Basic Books, 2015, p. 61.

25   "Generative AI and the future of work: The potential? Boundless," *Deloitte AI Institute*, 2023.

26   Ibid.

27   Martin Ford, Op. Cit., p. 59.

28   한나 아렌트, 앞의 책, 214쪽.

29   Karl Marx, *Grundrisse der Kritik der politischen Ökonomie*, *MEW* 42, Berlin: Dietz, 1983, p. 607.

30   한나 아렌트, 앞의 책, 216쪽.

31   월터 아이작슨, 《일론 머스크》, 안진환 옮김, 21세기북스, 2023.

32   "Mankind was born on earth, it was never meant to die here."

33   한나 아렌트, 앞의 책, 73쪽.

34   월터 아이작슨, 앞의 책, 599쪽.

35   Martin Heidegger, Op. Cit., §12, p. 54.

36 Martin Heidegger, Ibid., §40, p. 186.

37 Martin Heidegger, Ibid., §40, p. 187.

38 Martin Heidegger, Ibid., §40, p. 188.

39 Martin Heidegger, *Einführung in die Metaphysik*, §52, *Gesamtausgabe* Bd.40, Frankfurt am Main: Vittorio Klostermann, 1976, p. 158.

40 Mori Masahiro, "The Uncanny Valley," Karl F. MacDorman and Norri Kagegi trans., *IEEE Robotics & Automation Magazine*, Vol. 19, No. 2, 2012, pp. 98~100; Jasia Reichardt, *Robots: Fact, Fiction, and Prediction*, New York: Penguin Books, 1978.

41 Ernst Jentsch, "Zur Psychologie des Unheimlichen," *Psychiatrisch-Neurologische Wochenschrift*, Vol. 8, No. 22, 1906, pp. 195~198.

42 한나 아렌트, 앞의 책, 350쪽.

43 Carl Sagan, *Pale Blue Dot: A Vision of the Human Future in Space*, New York: Random House, 1994.

44 르네 데카르트, 〈제2성찰. 인간 정신의 본성에 관하여: 정신이 신체보다 더 쉽게 알려진다는 것〉, 《제일철학에 관한 성찰》(개정증보판), 이현복 옮김, 문예출판사, 2021, 44쪽.

45 한나 아렌트, 앞의 책, 363쪽.

46 "Carl Sagan and His Famous 'Pale Blue Dot' Speech (1994)," *Free Xenon*, 2019-06-09.

47 Hannah Arendt, "The Conquest of Space and the Stature of Man," *The New Atlantis*, Fall 2007, p. 43.

48 한나 아렌트, 앞의 책, 73~74쪽.

49 Jessica Paga, "The Agora: Form, Function, and Ideology" in *Building Democracy in Late Archaic Athens*, New York: Oxford University Press, 2021, pp. 77~126.

50 한나 아렌트, 앞의 책, 268쪽.

51 한나 아렌트, 같은 책, 267쪽.

52 Jürgen Habermas, *Ein neuer Strukturwandel der Öffentlichkeit und die deliberative Politik*, Frankfurt am Main: Suhrkamp, 2022, p. 49. (위르겐 하버마스, 《공론장의 새로운 구조변동》, 한승완 옮김, 세창출판사, 2024)

53 Nic Newman, "Overview and key findings of the 2022 Digital News Report," Reuters Institute for the Study of Journalism, 2022-06-15.

54 Richard Wike et. al., "Social Media Seen as Mostly Good for Democracy Across Many Nations, But U.S. is a Major Outlier," *Pew Research Center*, 2022-12-06.

55 이에 관해서는 《사이언스》의 연구 결과를 참조할 것. Soroush Vosoughi, Deb Roy and Sinan Aral, "The spread of true and false news online," *Science*, Vol. 359, No. 6380, pp. 1146~1151.

56 Jürgen Habermas, Op. Cit., p. 67.

57 위르겐 하버마스, 앞의 책, 375쪽.

58 위르겐 하버마스, 같은 책, 272쪽.

59 위르겐 하버마스, 같은 책, 285쪽.

60 Jürgen Habermas, Op. Cit., p. 44.

61 Jürgen Habermas, Ibid., p. 64.

62 Andrea L. Guzman and Seth C. Lewis, "Artificial intelligence and communication: A Human-Machine Communication research agenda," *New Media & Society*, Vol. 22, No. 1, 2020, p. 70~86.

63 Mike S. Schäfer, "Digital Public Sphere" in Gianpietro Mazzoleni et al. eds., *The International Encyclopedia of Political Communication*, London: Wiley Blackwell, 2015, pp. 322~328.

에필로그

1 헨리 A. 키신저·에릭 슈밋·대니얼 허튼로커, 앞의 책, 249쪽.

2 Hannah Fry, Op. Cit., p. 2.

3 마크 코켈버그, 《AI 윤리에 대한 모든 것》, 신상규·석기용 옮김, 아카넷, 2023, 230쪽.

4 플라톤, 앞의 책, 71a, 2019, 21~22쪽.

5 Robert Nozick, "What is Wisdom and Why Do Philosophers Love it So?" in *The Examined Life: Philosophical Meditations*, New York: Touchstone Press, 1989, pp. 267~278.

6 Nicholas Maxwell, "Can Humanity Learn to Become Civilized? The Crisis of Science without Civilization," *Journal of Applied Philosophy*, Vol. 17, No. 1, 2000, pp. 29~44; Nicholas Maxwell, *From Knowledge to Wisdom: A Revolution for Science and the Humanities*, Oxford: Blackwell, 1984.

7 Robert Nozick, *Socratic Puzzles*, Cambridge/London: Harvard University Press, 1997, pp. 145~155.

8 헨리 A. 키신저·에릭 슈밋·대니얼 허튼로커, 앞의 책, 252쪽.

9 헨리 A. 키신저·에릭 슈밋·대니얼 허튼로커, 같은 책, 89~90쪽.

10 한나 아렌트, 앞의 책, 76쪽.

AI 시대의 소크라테스

인공지능은 못하고 인간은 할 수 있는 철학적 질문들

1판 1쇄 발행일 2024년 8월 26일

지은이 이진우

발행인 김학원
발행처 (주)휴머니스트출판그룹
출판등록 제313-2007-000007호(2007년 1월 5일)
주소 (03991) 서울시 마포구 동교로23길 76(연남동)
전화 02-335-4422 **팩스** 02-334-3427
저자·독자 서비스 humanist@humanistbooks.com
홈페이지 www.humanistbooks.com
유튜브 youtube.com/user/humanistma **포스트** post.naver.com/hmcv
페이스북 facebook.com/hmcv2001 **인스타그램** @humanist_insta

편집주간 황서현 **기획** 김주원 **편집** 임미영 **디자인** 김태형
조판 아틀리에 **용지** 화인페이퍼 **인쇄** 청아디앤피 **제본** 민성사

ⓒ 이진우, 2024

ISBN 979-11-7087-230-6 03100